高等职业院校轨道交通类专业适用

动车组检修技术专业国际化教学标准

（专业与国际化课程）

罗　伟　晋永荣　王　宁　著

西南交通大学出版社
·成　都·

内容提要

本书是根据湖南省卓越校高职专业国际化教学标准要求，主要以动车组检修技术专业为例，开发的可面向铁道类高职院校推广的国际化人才培养方案和教学标准，为高职院校服务企业“走出去”战略提供指导。全书共分为职业能力标准、人才培养方案、专业与国际化课程标准三个部分。

本书紧密对接高速动车组的新技术和新工艺发展，针对轨道交通装备制造企业调试、售后等岗位，将国际通用的新知识、新技术、新工艺、新标准、新方法、新设备和新材料纳入专业教学标准，提高人才培养质量，满足服务社会经济和行业发展的需求，为高职院校交通运输大类专业国际化、复合型技术人才的培养提供了理论指导，为其他高职院校的国际交流项目提供了示范、借鉴和指导。

图书在版编目（CIP）数据

动车组检修技术专业国际化教学标准：专业与国际化课程 / 罗伟，晋永荣，王宁著. —成都：西南交通大学出版社，2018.11

ISBN 978-7-5643-6546-2

Ⅰ. ①动… Ⅱ. ①罗… ②晋… ③王… Ⅲ. ①动车－－机车检修－高等职业教育－教学参考资料 Ⅳ. ①U269

中国版本图书馆 CIP 数据核字（2018）第 245921 号

动车组检修技术专业国际化教学标准

（专业与国际化课程）

罗　伟　晋永荣　王　宁／著

责任编辑／姜锡伟
助理编辑／宋浩田
封面设计／墨创文化

西南交通大学出版社出版发行
（四川省成都市二环路北一段 111 号西南交通大学创新大厦 21 楼　610031）
发行部电话：028-87600564　028-87600533
网址：http://www.xnjdcbs.com
印刷：四川森林印务有限责任公司

成品尺寸　185 mm × 260 mm
印张　9.75　字数　242 千
版次　2018 年 11 月第 1 版　印次　2018 年 11 月第 1 次

书号　ISBN 978-7-5643-6546-2
定价　68.00 元

课件咨询电话：028-87600533
图书如有印装质量问题　本社负责退换

前 言

“十三五”期间，我国高速铁路里程将达到 3 万公里，国际化业务涉及 80 多个国家近 6 000 公里的海外高铁项目，本土化的轨道交通专业人才需求量越来越大，特别是面临着项目全寿命周期服务的海外售后、运营、维护人才大量缺失的难题。

本著作为湖南省卓越高职院校的标志性成果，主要适应于走出国门的中国高铁。开展高素质技能人才的供给侧改革，既可用于对适应走出国门的动车组检修技术专业人才的培养，又为轨道交通其他类专业国际化人才的培养提供了参考。全书共有职业能力标准、人才培养方案、专业与国际化课程标准三个部分，紧密对接高速动车组的新技术和新工艺发展，针对轨道交通装备制造企业调试、售后等岗位，以高铁海外出口为基础，以学生获得处理复杂技术问题、具备综合生产组织和现场管理的职业行动能力，跨文化交流能力和职业生涯可持续发展能力为总体目标，将国际通用的新知识、新技术、新工艺、新标准、新方法、新设备和新材料纳入专业教学标准，以提高人才培养质量，满足社会经济和行业发展的需求。本书为高职院校交通运输大类专业国际化、复合型技术人才的培养提供了理论指导，为其他高职院校的国际交流项目提供了示范、借鉴和指导。

本书由罗伟、晋永荣、王宁著，同时，湖南铁道职业技术学院张莹、莫坚、龚娟、曹卫权、汪科、聂蓉、李秋梅、栾婷婷、邓小木、余雨婷、吴秀江参与了本书的资料搜集、整理和编写工作。本著作在编写的过程中，得到了武汉铁路职业技术学院何成才教授、西安铁路职业技术学院李益民教授、湖南铁路科技职业技术学院王玉辉副教授的指导，他们对本著作提出了很多宝贵的建议。广州铁路（集团）公司长沙动车运用所所长唐晖、武汉高铁训练段林杰为本著作的编写提供了指导。本著作还参阅了许多学者的有关著作和论述，从中得到不少启发。在此，一并表示衷心的感谢。虽然我们对本书中所述的内容进行了多次校对，但可能还存在疏漏和不足之处，敬请读者批评指正。

著 者

2018 年 6 月

目　录

第 1 篇　职业能力标准

1　职业能力标准 …… 3

1.1　职业岗位 …… 3

1.2　工作领域 …… 3

1.3　职业能力 …… 4

2　人才培养方案 …… 7

2.1　专业名称 …… 7

2.2　入学要求 …… 7

2.3　学制与学历 …… 7

2.4　培养目标 …… 7

2.5　毕业基本要求 …… 7

2.6　人才培养规格 …… 8

2.7　课程体系 …… 9

2.8　教学安排 …… 10

2.9　教学实施建议 …… 13

2.10　教学评价建议 …… 16

2.11　实践性教学条件 …… 17

2.12　师资配备 …… 19

第 2 篇　专业课程及国际化素养课程标准

3　专业课课程标准 …… 27

3.1　动车组随车机械师应急故障处理 …… 27

3.2　动车组检修实训 …… 34

3.3 动车组总体 …… 38
3.4 动车组牵引传动系统 …… 45
3.5 动车组制动系统 …… 53
3.6 动车组网络控制系统调试与维护 …… 60
3.7 动车组运行控制系统 …… 67
3.8 动车组辅助设备的操纵与维护 …… 73
3.9 动车组维护与检修 …… 81
3.10 高速铁路概论 …… 92
3.11 高速铁路供电 …… 98
3.12 高速铁路行车组织与规章 …… 103

4 国际化素养课程标准 …… 111

4.1 世界高铁概况 …… 111
4.2 境外服务英语（商务） …… 115
4.3 境外服务英语（听说） …… 119
4.4 境外服务英语（写作） …… 123
4.5 跨文化交流 …… 126
4.6 专业英语 …… 132
4.7 高速铁路安全技术 …… 135
4.8 行车心理学 …… 141

参考文献 …… 149

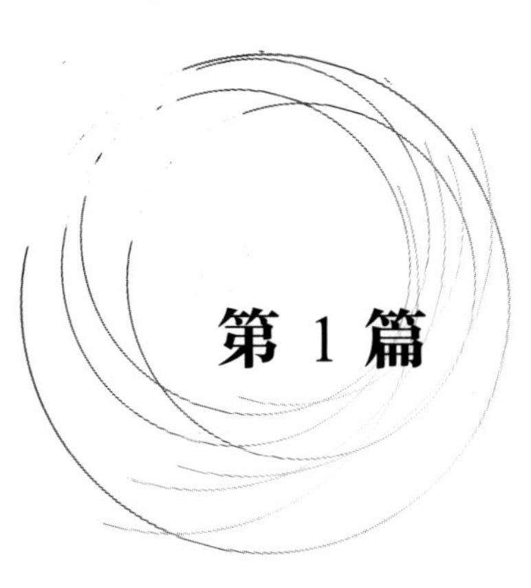

第 1 篇

职业能力标准

1　职业能力标准

1.1　职业岗位

1.1.1　初次就业岗位

序号	对应职业（岗位）	专门化方向	职业资格证书举例
1	动车组地勤机械师	动车组维护与检修	动车组机械师
2	动车组司机	动车组驾驶	动车组司机证
3	机车电工、车辆电工	动车组线路安装及整车调试	机车电工证、车辆电工证

1.1.2　发展岗位

职业等级	就业岗位			发展年限
	操作岗位	技术岗位	管理岗位	
4	动车组及电客列车驾驶与操纵	首席故障诊断师	动车段主管技术副段长	13～20
3	动车组质检员、动车组调度员	工艺高级工程师	动车段技术科长	8～12
2	动车组随车机械师	动车组技术员、工程师	技术组长	4～7
1	动车组地勤机械师	动车组技术员、助理工程师	动车组技术专职	1～3

1.2　工作领域

本专业职业能力标准包括动车组及电客列车驾驶、动车组维护与检修、动车组线路安装及整车调试这 3 个工作领域，每个工作领域包含若干模块。具体如表 1.1 所示。

表 1.1　动车组检修技术专业工作领域

工作领域编号	工作领域名称	模块编号	模块名称
1	动车组驾驶与操纵	1.1	动车组司机一次乘务作业标准、动车组随车机械师作业标准
		1.2	动车组、电客列车检查与维护
		1.3	动车组、电客列车应急故障处理
		1.4	动车组、电客列车非正常行车

续表

工作领域编号	工作领域名称	模块编号	模块名称
2	动车组维护与检修	2.1	动车组故障咨询和修前检查
		2.2	动车组车辆检修工具的使用和选择
		2.3	动车组维护与检修
3	动车组线路安装及整车调试	3.1	动车组车辆电气组装
		3.2	动车组车辆设备组装
		3.3	动车组车辆整车调试
		3.4	动车组车辆维护与检修

1.3 职业能力

本专业包括 11 项职业能力，具体见表 1.2，其中标记为灰色背景的，为目前具有国际水准职业能力标准的职业能力。

表 1.2 动车组检修技术专业职业能力标准

工作领域 1：动车组、电客列车驾驶				
模块编号	模块名称	职业能力编号	职业能力	备注
1.1	动车组司机一次乘务作业、随车机械师标准化作业	1.1.1	能正确熟练的操纵动车组	
		1.1.2	能正确熟练的按动车组司机、随车机械师一次作业标准流程完成从整备出库（所）、途中作业、折返作业、终到作业、入库（所）交班作业的全过程	动车组司机一次乘务标准作业流程
		1.1.3	能在驾驶运行过程中按标准进行呼唤应答作业	呼唤应答作业标准
		1.1.4	能正确识读运行图，严格按照动车组技术管理规定等规章条例进行安全驾驶	动车组技术管理条例
1.2	动车组、电客列车检查与维护	1.2.1	能按标准作业流程对动车组的电气设备进行检查	
		1.2.2	能按标准作业流程对动车组的走行部进行检查	
		1.2.3	能按标准作业流程对动车组的制动装置进行检查	
		1.2.4	能按标准作业流程对动车组的行车安全设备、通信设备进行检查	
		1.2.5	能按标准作业流程对动车组进行试验测试	

续表

工作领域1：动车组、电客列车驾驶				
模块编号	模块名称	职业能力编号	职业能力	备注
1.3	动车组、电客列车的应急故障处理	1.3.1	能按标准作业流程对动车组进行牵引传动系统故障处理	故障处理作业流程与标准
		1.3.2	能按标准作业流程对动车组进行制动系统故障处理	故障处理作业流程与标准
		1.3.3	能按标准作业流程对动车组进行机械设备故障处理	故障处理作业流程与标准
		1.3.4	能按标准作业流程对动车组进行网络控制系统故障处理	故障处理作业流程与标准
		1.3.5	能按标准作业流程对动车组进行辅助电源与辅助设备故障处理	故障处理作业流程与标准
		1.3.6	能按标准作业流程对动车组进行救援和回送作业	故障处理作业流程与标准
1.4	动车组、电客列车非正常行车	1.4.1	能按标准作业流程对动车组在发生天气不良时进行正确操纵	非正常行车作业流程与标准
		1.4.2	能按标准作业流程对动车组在发生线路故障时进行正确操纵	非正常行车作业流程与标准
		1.4.3	能按标准作业流程对动车组在发生供电系统类故障时进行正确操纵	非正常行车作业流程与标准
		1.4.4	能按标准作业流程对动车组在发生车辆设备故障时进行正确操纵	非正常行车作业流程与标准
工作领域2：动车组维护与检修				
模块编号	模块名称	职业能力编号	职业能力	备注
2.1	动车组故障咨询和修前检查	2.1.1	能根据动车组信息系统提示快速找到故障地点	
		2.1.2	能快速阅读英语技术资料并能熟练的运用外语进行专业技术交流	
		2.1.3	能熟练的使用计算机对动车组系统进行检测	
		2.1.4	能熟悉动车组电气线路原理图并能对电路进行详细分析说明	
2.2	动车组车辆检修工具的使用和选择	2.2.1	能掌握动车组车辆的检修工艺流程与标准	动车组检修工艺流程与标准
		2.2.2	能熟悉动车组检修工具的使用方法与注意事项	动车组检修工具使用方法
		2.2.3	能熟悉动车组检修仪表的使用方法与注意事项	动车组检修仪表使用方法
		2.2.4	能熟悉动车组检修设备的使用方法与注意事项	动车组检修设备使用方法

续表

工作领域2：动车组维护与检修				
模块编号	模块名称	职业能力编号	职业能力	备注
2.3	动车组维护与检修	2.3.1	能掌握动车组一级检修作业流程与标准	动车组一级检修工艺流程与标准
		2.3.2	能掌握动车组二级检修作业流程与标准	动车组二级检修工艺流程与标准
		2.3.3	能掌握动车组三级检修作业流程与标准	动车组三级检修工艺流程与标准
		2.3.4	能掌握动车组专项检修作业流程与标准	动车组专项检修工艺流程与标准
工作领域3：动车组线路安装及整车调试				
模块编号	模块名称	职业能力编号	职业能力	备注
3.1	动车组电气线路安装	3.1.1	能熟读动车组车辆电气安装原理图、布局图、接线图	
		3.1.2	能掌握动车组车辆电气系统组成结构	
		3.1.3	能按标准对动车组车辆进行电气布线和电气屏柜组装	
3.2	动车组车辆设备安装	3.2.1	能按标准要求完成对动车组车辆的整体组装	
		3.2.2	能掌握动车组车辆组装设备的使用方法与注意事项	
		3.2.3	能掌握动车组车辆组装工艺流程与标准	动车组车辆组装工艺流程与标准
3.3	动车组车辆整车调试	3.3.1	能掌握动车组车辆静调工艺流程与标准	动车组车辆静调工艺流程与标准
		3.3.2	能掌握动车组车辆动调工艺流程与标准	动车组车辆动调工艺流程与标准
3.4	动车组车辆设备维护检修	3.4.1	能掌握动车组车辆设备维护与检修流程与标准	
		3.4.2	能掌握动车组车辆维护与检修流程与标准	

2　人才培养方案

2.1　专业名称

（1）专业代码：600113。
（2）专业名称：动车组检修技术。
（3）接续专业：车辆工程、电气工程及其自动化。

2.2　入学要求

高中毕业或同等学力者。

2.3　学制与学历

（1）学制：3 年。
（2）学历：大学专科学历。

2.4　培养目标

本专业主要面向与轨道交通装备制造、运用、跨国企业（行业）相适应的动车组地勤机械师、动车组与电客列车司机和动车组车辆装配工、调试工等岗位。本专业培养目标：掌握适应走出国门的高速铁路快速发展的基础理论知识和专业知识，具备在境外实施动车组装配、调试、操纵、整备检查、应急故障处理、维护检修等专业实践能力，能适应境外高铁的制造、调试、驾驶、维护保养、检修及运用组织管理等第一线技术岗位，具有国际视野，懂得本专业相关国际规则和跨文化沟通能力，能够胜任跨国企业（行业）生产、管理、服务一线的高素质技术技能人才。

2.5　毕业基本要求

（1）综合测评合格。
（2）修满规定的全部课程且成绩合格（获得 130.5 学分）。
（3）毕业设计考核合格。
（4）通过企业国际化项目境外英语测试。
（5）获得车辆电工、机车电工等任意一个中级职业资格证书。

2.6 人才培养规格

1. 思想品德

① 掌握马克思主义哲学、政治经济学、当代世界经济与政治；

② 掌握邓小平理论、毛泽东思想；

③ 掌握法律基础知识；

④ 具备良好职业道德和敬业精神；

⑤ 具备集体意识和社会责任心；

⑥ 具备爱国、爱校、爱岗敬业精神；

⑦ 具备诚信品质和遵纪守法意识。

2. 科学文化

① 具备良好的英语技术资料阅读能力和较强的口语对话交流能力；

② 掌握计算机基本操作与应用知识；

③ 掌握电工、电子技术知识；

④ 掌握电力电子技术知识；

⑤ 掌握一定的电气图纸阅读及绘制能力，能对电气线路原理进行详细分析；

⑥ 掌握机械基础知识，具备一定的机械图纸阅读及绘制能力；

⑦ 掌握世界高铁分布区域的地理、政治、经济、文化、历史、法律等文化概况；

⑧ 掌握出入境办理流程及境外常见突发事故的处理方法与流程；

⑨ 能及时掌握国际高速铁路通用标准与行业最新发展动态；

⑩ 掌握动车组电气系统、机械设备、制动系统、网络控制系统的基本结构与工作原理；

⑪ 掌握动车组检修设备、工具、仪器仪表的使用方法和注意事项；

⑫ 掌握动车组检修与维护工艺标准与流程；

⑬ 掌握动车组线路安装标准及整车调试方法；

⑭ 掌握动车组一次乘务标准化作业流程；

⑮ 掌握动车组非正常行车办法及应急故障处理流程。

3. 职业能力

① 具备较强的英文技术资料阅读、翻译及写作能力；

② 具有自我拓展学习本专业的新技术、新工艺，获取新知识的能力；

③ 具备快速适应国外环境并能顺利完成境外工作项目的能力；

④ 具备一定的轨道交通装备制造与运用行业标准的应用能力；

⑤ 具备动车组车辆的制造、组装、调试实验和技术改进的能力；

⑥ 具备按标准完成动车组电气线路、电气设备安装与整车调试的能力；

⑦ 能严格的按动车组随车机械师检修作业流程与标准完成动车组检修与故障排除作业；

⑧ 能正确使用动车组检修设备、工具、仪表，具备完成动车组维护与保养工作能力；

⑨ 具备良好的语言表达能力，能按标准执行车机联控；

⑩ 具备严格按照动车组司机一次乘务作业标准完成动车组运用操纵的能力；

⑪ 具备动车组发生突发故障时按标准流程进行应急故障处理与救援工作的能力。

4. 身心素质

① 具备心理健康、举止文明、待人友善的职业素养；

② 具备良好的人际交流能力、有大局意识，富有团队协作精神；

③ 具有较强的心理承受能力，能在紧急情况进行冷静判断并做出正确反应；

④ 身体健康，精力充沛，无色盲色弱症状，能胜任动车组制造、运用与检修相关岗位的工作；

⑤ 无心脏病、高血压、恐高症、癫痫等影响岗位工作的相关疾病；

⑥ 勇于创新、敬业乐业、听从指挥、服从安排；

⑦ 具备强烈的安全责任意识及节能环保意识。

2.7 课程体系

动车组检修技术专业课程体系结构见表 2.1。

表 2.1 动车组检修技术专业课程结构

<table>
<tr><td rowspan="4" colspan="3">课程类别</td><td colspan="2">课程名称</td></tr>
<tr><td>必修课</td><td>选修课</td></tr>
<tr><td>毕业设计</td><td rowspan="2"></td></tr>
<tr><td>顶岗实习</td></tr>
<tr><td rowspan="10">专业课</td><td rowspan="7">岗位核心力</td><td rowspan="3">司机岗位</td><td>动车组运行控制系统</td><td rowspan="10">高速铁路概论
高速铁路供电</td></tr>
<tr><td>动车组网络控制系统调试与维护</td></tr>
<tr><td>高速铁路行车组织与规章</td></tr>
<tr><td rowspan="4">检修岗位</td><td>动车组维护与检修</td></tr>
<tr><td>动车组辅助设备的操纵与维护</td></tr>
<tr><td>动车组检修实训</td></tr>
<tr><td>动车组随车机械师应急故障处理</td></tr>
<tr><td rowspan="3" colspan="2">专业基本能力</td><td>动车组总体</td></tr>
<tr><td>动车组牵引传动系统</td></tr>
<tr><td>动车组制动系统</td></tr>
<tr><td rowspan="3" colspan="3">国际化素养课</td><td>境外服务英语</td><td>世界高铁概况</td></tr>
<tr><td>跨文化交流</td><td>中国高铁国际文化战略</td></tr>
<tr><td>世界高铁分布区域文化概况</td><td>高速动车组国际标准</td></tr>
<tr><td rowspan="3" colspan="3">公共课</td><td>公共英语</td><td>艺术素养类</td></tr>
<tr><td>创新创业教育</td><td>人文素养类</td></tr>
<tr><td>思想道德修养与法律基础</td><td>科技素养类</td></tr>
</table>

2.8　教学安排

1. 基本要求

每学年为 44 周，其中教学时间为 36 周，累计假期 8 周。周学时一般为 26 ~ 28 学时，顶岗实习按每周 28 学时安排。

总学时为 3 076 课时，136.5 个学分，其中，包括 6 个操行学分。其中公共课 796 课时，34 个学分，公共课占总学时的 26%；专业课 1 184 课时，53.5 个学分，专业课占总学时 38%；集中实训课 520 课时占总学时的 16%；毕业设计为 140 个课时，占总学时 5%；顶岗实习为 364 课时，占总学时的 11%；选修课时占 10%左右。

假期社会实践和假期顶岗实习任选四周即可，拓展课中人文、艺术、科技素养拓展课程由学生根据就业岗位、学生的兴趣，合理选择，促进学生个性化发展。

2. 教学安排建议

专业教学进程安排

动车组检修技术　专业国际化教学进程安排表														
课程类别	课程代码	课程名称	学分	总学时	学时分配		年级/学期/学时数							
							一年级		暑假一	二年级		暑假二	三年级	
					理论	实践	1	2		3	4		5	6
		理论上课周数					14	14		14	14		12	0
公共基础课	C1-1	思想道德修养与法律基础	2.5	56	40	16	4							
	C1-2	毛泽东思想和中国特色社会主义理论体系概论	2.5	56	40	16		4						
	C1-3	体育	7.0	144	16	128	2	2		2	2		（2）	
	C1-4	计算机应用基础	2.5	56	28	28		4						
	C1-5	应用数学	2.5	56	56	0	4							
	C1-6	公共英语	5.5	112	82	30	4	4						
	C1-7	境外服务英语（商务）	4.0	84	78	6	2	4						
	C1-8	境外服务英语（听说）	2.5	56	42	14				4				
	C1-9	境外服务英语（写作）	1.0	28	14	14					2			
	C1-10	心理健康教育	1.0	24	24	0	2							
	C1-11	职业规划与职业指导	1.0	24	24	0					2			
	C1-12	军事理论	1.0	24	24	0	24H							
	C1-13	创新创业教育	1.0	24	12	12							2	

续表

动车组检修技术 专业国际化教学进程安排表

课程类别		课程代码	课程名称	学分	总学时	学时分配		年级/学期/学时数							
								一年级		暑假一	二年级		暑假二	三年级	
						理论	实践	1	2		3	4		5	6
公共基础课		C1-14	基本职业素养训练	0.0	24	0	24	8H	8H		8H				
		C1-15	形势政策教育	0.0	24	24	0	6H	6H		6H	6H			
		C1-16	安全教育	0.0	4	4	0	4H							
			小　计/周学时	34	796	508	288	18	18		6	6		2	
专业课	专业基础课	C2-1	电工基础	4.0	84	70	14	6							
		C2-2	机械制图	2.5	56	46	10		4						
		C2-3	模拟电子技术	2.5	56	44	12		4						
		C2-4	机械基础	2.5	56	46	10				4				
		C2-5	数字电子技术	2.0	42	34	8				3				
		C2-6	电力电子技术	2.5	56	46	10				4				
		C2-7	电机与电气控制技术	2.5	56	46	10				4				
		C2-8	PLC 应用技术	2.0	42	26	16					3			
		C2-9	电气工程识图与绘图	1.0	28	8	20					2			
	专业核心课	TC1	动车组总体	2.0	42	32	10				3				
		TC2	动车组牵引传动系统	4.0	84	74	10					6			
		TC3	动车组制动系统	2.5	56	50	6				4				
		TC4	动车组网络控制系统调试与维护	3.0	60	50	10							5	
		TC5	动车组运行控制系统	3.5	70	60	10					5			
		TC6	动车组辅助设备的操纵与维护	4.0	84	70	14					6			
		TC7	动车组维护与检修	4.0	84	76	8							7	
		TC8	高速铁路概论	1.0	28	24	4	2							
		TC9	高速铁路供电	1.0	28	24	4		2						
		TC10	高速铁路行车组织与规章	2.0	48	48	0							4	

续表

动车组检修技术　专业国际化教学进程安排表

课程类别		课程代码	课程名称	学分	总学时	学时分配		年级/学期/学时数							
								一年级		暑假一	二年级		暑假二	三年级	
						理论	实践	1	2		3	4		5	6
专业课	国际化素养课	C3-1-1	世界高铁概况	1.0	28	28	0	2							
		C3-1-2	跨文化交流	1.0	24	12	12							2	
		C3-1-3	专业英语	2.0	48	48	0							4	
		C3-1-5	高速铁路安全技术	1	28	28	0	2							
		C3-1-6	行车心理学	2	42	42	0		4						
			小　计/周学时	57.5	1 272	1 064	208	12	14		25	22		22	0
集中实训课		SX-1	入学教育与军训	2.0	52	0	52	2							
		SX-2	电工实训	1.0	28	4	24	1							
		SX-3	装配工具与仪表实训	1.0	28	4	24	1							
		SX-4	电子实训	1.0	28	6	24		1						
		SX-5	钳工实训	2.0	56	6	50		2						
		SX-6	电拖实训	1.0	28	4	24		1						
		SX-7	电器装配实训	2.0	56	6	50				2				
		SX-8	机床实训	2.0	56	32	24				2				
		SX-9	高低压电器装配职业技能鉴定（实操）	3.0	84	84	0					3			
		SX-10	高低压电器装配职业技能鉴定（理论）	1.0	28	0	28					1			
		SX-11	动车组随车机械师应急故障处理模块	2.0	48	28	20							2	
		SX-12	动车组检修实训	1.0	28	4	24							1	
		SX-13	毕业设计与答辩	8.0	140	0	140							3	5
		SX-14	预就业顶岗实习	13.0	364	0	364								13
			小　计/周数	40.0	1 028	180	848	4	4		4	4		6	18
拓展课		C3-2-1	艺术素养类	1.0	24	24	0								
		C3-2-2	人文素养类	1.0	24	24	0								
		C3-2-3	科技素养类	1.0	24	24	0								

续表

动车组检修技术 专业国际化教学进程安排表

课程类别	课程代码	课程名称	学分	总学时	学时分配		年级/学期/学时数							
							一年级		暑假一	二年级		暑假二	三年级	
					理论	实践	1	2		3	4		5	6
拓展课	C3-2-4	假期社会实践（选4周）	4.0	112	0	112			4W			4W		
	C3-2-5	假期顶岗实习（选4周）	4.0	112	0	112			4W			4W		
	最少应修学分及学时		3.0	72	72	0								
总学分、总学时、周学时			134.5	3 168	1 824	1 344	30	32		31	28		24	0

备注：

（1）表中“课程代码”的编码方式如下。

① 专业核心课程以代码TC开头；

② 非专业核心课程以C开头，“公共基础”课程代码为C1，例如C1-2表示公共基础学习领域的第2门课程代码；“专业基础”课程代码为C2；“国际化素养”和“拓展”课程代码为C3，其中“国际化素养课”代码为C3-1，“拓展课”代码为C3-2，“集中实训课”代码为SX。

（2）本计划适用于学期制，即每学年分2个学期，每个学期18个教学周，三年共分为6个学期，分别用1～6表示。表中“考核学期”栏里的数字表示对应的考核学期。

（3）表中的课时数的表示方法有三种：

① 理论课课程课时数以“数字”表示，例如“2”表示该课程为周2，再乘以本学期开设理论课的周数既可得出总课时数；

② 纯实践性课程课时数以“周数”表示，如“2W”表示该课程连续安排2周，每周28课时；模块课程则每周24课时。

③ 讲座型课程课时数以“课时数”表示，例如“6H”表示该课程安排6课时的讲座。

2.9 教学实施建议

1. 教学要求

教学要符合教育部有关教育教学的基本要求，按照“教、学、做合一”原则，突出“做中学、做中教”的职教特色。不断改革教学方法，根据课程特点，合理采用现场教学、案例教学、任务驱动教学等教学方法，不断创新教学手段，利用网络、多媒体等信息化手段，倡导学生利用信息化手段自主学习、自主探索，积极开展师生教学互动，达到共同学习、共同提高的目的。

2. 教学实施

1）教学组织形成

根据课程性质，采用班级授课、分组教学、现场教学、实践训练、讨论、讲座等形式组织教学。

专业课教学环节采用工学结合的教学模式，引入现场真实的项目或任务，教师组织学生完成任务，从而具备熟悉现场真实任务、了解完成任务的流程与方法、掌握完成任务的工作技巧等专业知识与专业技能。专业课教学环节基本环节，主要以接受任务→分析思考任务→规划任务→实施完成任务→总结分析任务→评价任务完成情况的教学流程为主。

专业教学实施形式有项目教学、现场教学、校外实践、讲座等，如动车组检修技术专业核心课程和国际化素养课程授课方式如下表所示。

序号	课程名称	教学方法	现场教学	校内外实践	讲座
1	动车组总体	项目教学法、现场教学法	√	√	
2	动车组牵引传动系统	项目教学法、案例教学法	√	√	
3	动车组制动系统	项目教学法、案例教学法、小组讨论法	√	√	
4	动车组网络控制系统调试与维护	项目教学法、任务驱动法、小组合作法	√	√	
5	动车组运行控制系统	项目教学法、案例教学法、小组讨论法、角色扮演法、空间教学法、模拟演练	√	√	
6	动车组辅助设备的操纵与维护	项目教学法、案例教学法、小组讨论法	√	√	
7	动车组维护与检修	项目教学法、案例教学法、角色扮演法、小组讨论法	√	√	
8	高速铁路概论	项目教学法、案例教学法、分组讨论法	√		
9	高速铁路供电	项目教学法、案例教学法	√	√	
10	高速铁路行车组织与规章	项目教学法、案例教学法、模拟演练、小组讨论法	√	√	
11	世界高铁概况	项目教学法、案例教学法	√		
12	跨文化交流	小组讨论法、案例教学法、模拟演练、角色扮演法		√	
13	专业英语	任务驱动法、小组讨论法		√	
14	高速铁路安全技术	小组讨论法、案例教学法、模拟演练、角色扮演法		√	
15	行车心理学	案例教学法、模拟演练、小组讨论法		√	

2）教学指导

以学习者为中心，改变传统的师生关系，充分发挥教师的指导、引导、帮助和组织作用，调动学生学习的主观能动性，加强学生学习过程的指导，及时解决学生在学习过程中的困难和问题。

① 专业课主要教学方法。

动车组专业课程教学中主要运用的教学方法有：案例教学法、项目（任务驱动）教学法、小组讨论法等。

a. 案例教学法。

案例教学法在教师的指导下，根据教学目标和内容的需要，采用案例组织学生进行学习，研究，锻炼能力的方法。包含：案例展示、案例分析和讨论、观点展示、归纳和总结。

b. 项目（或任务驱动）教学法。

项目教学法是师生通过共同完成一个 “项目或任务”而进行的教学活动，项目或任务都是来自生产一线的真实的项目或任务，通过教学设计成为学生的学习项目或任务。

c. 小组讨论教学法。

小组讨论教学法是把一个班的学生分成若干人一组的小组，教师向小组提出一定的任务或问题，要求小组成员通过讨论，共同完成，共同解决。其实质是以小组的形式，通过小组成员之间的协作，完成特定的任务。

② 专业实习与社会实践指导方法。

a. 利用基于信息技术的专业实习管理平台（管理系统、QQ 群、微信群、个人空间、邮箱等）构建“现场指导+网络追踪+在线视频指导+互动交流+虚拟空间”的多元化指导方式，提高顶岗实习教学的质量和效果，使整个教学过程可管理、可监控、可评价。

b. 根据学生专业实习人数和岗位性质等，采用教师驻点、定期巡查、不定期抽查等形式进行现场指导与考核，及时跟踪学生的顶岗实习情况。

c. 利用专业实习管理平台，发布学校通知和新闻动态，让学生了解学校情况、就业动向，开辟虚拟空间为学生提供丰富的教学资源包，方便在岗学生的自主学习和继续教育。

d. 利用专业实习管理平台，实现师生之间、生生之间互动交流、在线答疑、批阅实习周记，引导学生自主思考，分享实习心得体会等。

3. 教学资源

加强案例、素材、专业标准等教学资源的收集和整理，建设数字化教学资源。

① 运用网络、学习空间、多媒体等信息化平台，收集专业教学资源（文本、视频、图片、音频等），并应用到教学中，提高学生的学习兴趣，提高教学效果和教学质量；

② 运用信息化手段，完成受硬件条件限制，按常规演示难以完成（或演示效果较差）的实训项目，通过现场实践视频、虚拟仿真技术，再现实验过程和现象，提高课堂教学效果；

③ 运用信息技术培养学生自主探索、自主学习的能力。使学生掌握通过信息化手段获取学习资源的方法，扩宽学生视野，丰富学生知识面；

④ 建设形式多样（文本、视频、图片、音频等），资源海量的交互式开放性的数字化教学资源；

⑤ 利用网络空间等信息化平台，完成课程内容的学习、课后作业的练习、课程疑问的答疑与课程考核。

2.10 教学评价建议

1. 对专业教学质量的评价

以全面素质质量观、全面分析、全程监控、全员参与、全方位监控（五全）为指导思想，以培养学生职业关键能力为目标，以满足社会、企业人才需求为使命，引入 ISO9001:2008 质量管理体系，构建专业建设、课程开发、教师培养与工作评估、教学全过程监控、顾客满意度测量、持续完善和改进的专业教学质量评价体系，创造“教、学、管”三位一体的教学氛围，充分调动学院、教师、学生（三维）的积极性，提高广大师生员工的教学质量意识，进一步提升人才培养质量。不断完善教学管理制度和管理文件，通过建立以企业专家及校内专家为核心的专业教学委员会，形成专业建设的动态调整机制，不断提升学生的核心竞争力，将专业学生就业率保持在 98%以上，就业对口率保持在 90%以上，初次就业起薪在 3 000 元以上，引入第三方就业质量评价机构全方位追踪专业学生就业质量，构建全方位多层次的专业教学质量评价体系。

2. 对教师的评价

专业教师的评价主要从教学工作量、教学质量、教学能力、教学常规、教研科研、工作态度、岗位职责执行情况、关爱学生、为人师表等多方面全方位考核评价，通过督导测评、学生测评、科研测评、教改测评、主管测评、同行测评等方式组织实施。其中教学工作量由部门测评；教学常规由期中期末教学检查、日常教学、巡视的方式组成，包括教师教学纪律、教案、讲稿检查、工作任务完成情况等方式评定确定；督导测评由质量监督处负责组织实施，由督导、兼职督导共同完成对教量的听课评价；学生测评由教务处负责组织实施，由教师所教授课程的所有班级学生进行共同评价；科研测评由科研处负责组织实施；教改测评由部门学术委员会组织实施；主管测评由学院领导、教研室主任、专业负责人开展；同行测评由被测评人所在二级学院的专任教师同行开展。

3. 对学生的评价

学生评价采取过程评价和终结性评价相结合、能力评价和素养评价相结合、闭卷与开卷相结合、理论考核与操作考核相结合、试卷考核与实操考核相结合、学生自评、互评与教师、企业专家评价相结合，逐步建立对学生进行综合测评的评价方式。

（1）评价主体。

以教师评价为主，广泛吸收就业单位、合作企业、社区、家长参与学生质量评价，建立多方共同参与评价的开放式综合评价制度。

（2）评价方法。

教学评价采用双闭环与赏识激励型评价相结合方式，即：“实施 + 自查”与“任务 + 评价”双闭环评价方式，使学生自我诊断、自我发现、自我提高。采用“加分”的欣赏式激励取代“减分”的惩罚式评价，使学生提升自信、提升兴趣。专业学习领域的考核方式进行全面的改革，把过去的理论考试（笔试）、实验（操作）的考核模式改为现在的工作过程考核。加强每个学习情境或学习项目的过程考核，综合考核学生能力，综合评价学生。学生在完成项目的过程中不断进行自我检查和评价，项目完成后分组进行全面考核与评价。

（3）评价内容。

依据国家颁布高等职业学校德育大纲、学校制定的学生日常行为规范，制定思想品德评价方案与细则，评价思想品德；依据教育部颁布的课程教学大纲，制定公共课教学质量评价细则，评价科学文化知识与人文素养；依据行业规范和岗位要求，制定职业素养评价方案与细则，评价职业素养；依据课程标准，学校针对专业教学特点，制定具体的专业知识与技能评价细则，评价专业知识与技能。

2.11 实践性教学条件

本专业具有校内实训基地和校外实训基地。

对接当前高速铁路技术最新发展，整合优化现有资源，采用“学院、企业”合作开发的方式，共同开发、建设，共同获益。建成涵盖轨道交通运输产业的区域共享型国内一流的高速铁路运用技术中心，突出全系列虚拟仿真形式和标准化、模块化，满足学生进行“虚拟－仿真-真实”的逐层递进式的专业训练，能满足专业学生实训和针对专业教师与企业员工培训需要。

充分发挥学院处于轨道行业企业聚集地域的优势和行业背景优势，建立遴选机制，选择轨道交通行业中有影响力、技术先进、有代表性的成熟企业，满足学生专业教学、生产型实训、顶岗实习和实践锻炼，满足专业教师现场技能实训、企业员工培训、技术服务和横向课题开发。

1. 校内实践性教学条件

校内实习实训室包括动车组牵引传动实训室、动车组机械设备实训室、动车组制动实训室、动车组网络控制实训室、动车组模拟仿真实训室、动车组模拟驾驶实训室、动车组检修实训室。具体见表 2.7。

表 2.7　校内实践性教学条件

序号	实训室（厂、场）名称	主要工具和设施设备		
		名称	规格	数量
1	动车组牵引传动实训室	动车组电气柜	CRH3C 型	1
		受电弓	DSA250 型	1
		主断路器	C-CB201S3C 型	1
		牵引电器试验台	标准型	1
		主断路器试验台	标准型	1
		受电弓试验台	标准型	1
		牵引电器	全套	1
		主变压器模型	中华人民共和国铁道行业标准（TB）Q34-C 3855/25C 型	1
		真空断路器模型	BVAC N99 型	1

续表

序号	实训室（厂、场）名称	主要工具和设施设备		
		名称	规格	数量
2	动车组机械设备实训室	动车转向架模型	动车转向架	1
		动车转向架模型	拖车转向架	1
		动车组车钩缓冲装置	CRH2A 型	1
		动车组车钩缓冲装置	CRH3A 型	1
		动车组模型	CRH2 型	1
3	动车组制动实训室	基础单元制动器模型	踏面基础单元制动器	1
4	动车组模拟仿真实训室	动车组模拟仿真驾驶软件	380A 型 380B 型	2
		动车组电气线路模拟仿真软件	CRH2A 型	1
		机车运行监控装置模拟仿真软件	CRH2 型	1
		动车组双日检查软件	CRH2A 型	1
		动车组应急故障处理软件	380A 型 380B 型	2
		乘务员一次乘务性标准化作业多媒体软件	380A 型 380B 型	2
		动车组非正常行车作业模拟软件	CRH2A 型 CRH3C 型	2
5	动车组模拟驾驶实训室	动车组模拟驾驶台	CRH2A 型	1
		动车组模拟驾驶台	CRH3C 型	5
		动车组模拟驾驶台	CRH380B 型	1
6	动车组网络控制实训室	动车组 TCN 列车网络控制模拟实验系统	CRH1A 型 CRH3C 型 CRH5A 型	1
7	动车组检修实训室	动车组车体	CRH380B 型	1
		动车组高压供电系统	受电弓 接触网 高压供电系统	1
		动车组塞拉门	CRH380B 型	2
		车钩及开闭机构	CRH380B 型	1

说明：按 40 人的班额配置。

2. 校外实训基地

动车组检修技术专业校外实训基地应选择车组制造企业、动车组运用与维护检修企业，数量不低于 10：1（生企比），且至少有 2 家以上的企业开展了国际化项目。校外实训基地需满足本专业学生的各类专业综合实训及专项技能实训。配合学院现有的校内实训基地形成基础实训、专项技能实训、模拟仿真实训、专业综合实训、专业实习的五层次实践教学环境，实现专业实践教学功能系列化、管理企业化、设备先进化、环境真实化、人员职业化。

2.12 师资配备

专业应有校企双师聘用机制，完善校企人才互兼、互派、互聘机制，引进企业一线、特别是具有境外服务经验的企业师资和技术技能专家，通过下企业培训、企业挂职、新技术培养等手段全方位培养专业师资团队，构建实现专业知识、专业技能、跨文化交流能力培养的数量充足的专业师资团队，实现专业国际化人才培养。

1. 总体要求

本专业教职工数与学生数应为 1∶20，其中专任教师不低于教职工总数的 40%。

公共课教师应具有与任教课程对口的本科以上学历，并取得高等学校教师资格。

专业课专任教师应具有与任教专业对口的本科以上学历，并取得高等学校教师资格和任教专业相应的职业资格证。

实习指导教师应具有与任教专业对口的本科学历，并取得相关工种职业资格。

专业教学团队中有一定比例的兼职教师，兼职教师应是本区域、本行业或国际化企业的现场专家，比例为 25%。

2. 主讲教师要求

专业核心课程主讲教师除具备专业课专任教师的基本条件，还应有任教本专业两年以上的教学经历和企业实践经历。专业核心课程和国际化项目开发课程至少应有两位以上的主讲教师，其中 1 人为实习指导教师或来自行业企业、境外组织、跨国企业的现场专家。

对专业核心课程主讲教师的要求如下表所示。

<table>
<tr><th rowspan="2">序号</th><th rowspan="2">能力结构要求</th><th colspan="2">专任教师</th><th colspan="2">兼职教师</th></tr>
<tr><th>数量</th><th>要求</th><th>数量</th><th>要求</th></tr>
<tr><td>TC1 动车组总体</td><td>理论知识：
• 熟悉国内外典型动车组车辆特点
• 掌握动车组各机械设备的特点与原理
• 熟悉动车组各关键系统的原理与功能
实践技能：
• 能区分世界各国高速动车组
• 能对 1、2、3、5 型动车组总体结构和基本参数有所了解
• 能区分传统铁路转向架和动车转向架
• 能对动车组转向架各个部件进行结构分解
• 能熟练掌握动车组车体设计特点和结构特征
• 能熟练掌握动车组连接装置的动作原理和结构特征
• 具备动车组车辆机械设备整备、维护、检修及故障处理的能力</td><td>3</td><td>• 具有动车组总体与高速动车组技术、铁道概论、动车组机械等课程教学经验
• 熟悉以工作过程导向的教学组织
• 具备较强专业水平、专业能力，具备创新理念
• 具有动车组制造企业和运用企业实践经验和相应专业技能</td><td>1</td><td>• 具有一定的教学工作经验
• 具有动车组制造或运用企业现场工作实践经验
• 熟悉现场，具有较强的现场生产管理组织经验
• 具备较强专业水平、专业能力，具备创新理念
• 能够进行教学组织与实施</td></tr>
</table>

续表

序号	能力结构要求	专任教师		兼职教师	
		数量	要求	数量	要求
TC2 动车组牵引传动系统	理论知识： • 掌握电器学的基本理论 • 掌握动车组所采用电器的作用、结构、工作原理、调试方法 • 熟悉牵引电器的安装、维护、检修的工艺 • 熟悉动车组牵引传动系统设备检修标准与检修工艺流程 • 能熟练分析动车组主电路 • 能熟练分析动车组控制电路 实践技能： • 能按工艺标准对主型动车组牵引电器进行拆装、清洗 • 能对常用动车组继电器进行整定与维护 • 熟悉动车组常见电器种类并能快速处理故障 • 能按工艺标准维护、检修动车组牵引电器设备 • 能分析动车组主电路、控制电路，并能在动车组系统提示和设备检测的帮助下快速解决行车牵引系统故障	3	• 具有电机电器、动车组总体、牵引电器、机车控制系统等相关课程教学经验 • 熟悉以工作过程导向的教学组织 • 具备较强专业水平、专业能力，具备创新理念 • 具有动车组制造企业和运用企业实践经验和相应专业技能 • 会熟练使用检修牵引电器的工具、设备和仪器仪表	1	• 具有一定的教学工作经验 • 具有动车组制造或运用企业现场工作实践的经验 • 熟悉现场，具有较强的现场生产管理组织经验 • 具备较强专业水平、专业能力，具备创新理念 • 能够进行教学组织与实施
TC3 动车组制动系统	理论知识： • 掌握制动理论基础知识 • 掌握动车组制动系统的组成 • 熟悉动车组制动系统各部件的结构、工作原理 • 熟悉动车组制动系统安装和检修工艺 • 熟悉动车组制动系统的功能 • 掌握动车组制动系统测试与试验方法 实践技能： • 能熟练操纵动车组制动系统 • 能根据动车组系统提示和设备帮助对制动系统各部件进行检测 • 能按工艺标准流程完成对动车组制动系统常见故障的处理 • 会使用计算机下载数据，掌握动车组专用软件的使用方法	2	• 具有机械类、气动类、液压类、制动类课程的教学经验 • 具备较强专业水平、专业能力，具备创新理念 • 具有动车组制动类设备生产和运用企业的实践经验和专业技能 • 会熟练进行制动系统检测，使用计算机下载制动系统数据，并分析数据，处理故障	1	• 具有一定的教学工作经验 • 具有动车组制动设备制造或运用企业现场工作实践的经验 • 熟悉现场，具有较强的现场生产管理组织经验 • 具备较强专业水平、专业能力和创新理念 • 能够进行教学组织与实施

续表

序号	能力结构要求	专任教师		兼职教师	
		数量	要求	数量	要求
TC4 动车组网络控制系统调试与维护	理论知识： • 掌握控制网络的类型及特点 • 掌握计算机局域网的通信基础知识 • 掌握微机控制的基础知识 • 掌握动车组上 TCN、ARCNet、LonWorks 等控制网络的拓扑结构及工作原理 • 掌握动车组车载信息装置的组成结构及工作原理 • 掌握网络控制原理图的识图规则 实践技能： • 小型局域网的组建及调试 • TCN 网络功能调试 • 列车控制功能调试 • TCN 网络系统的维护 • 车载信息装置的使用和维护 • 常见故障判断分析及应急处理	2	• 具有计算机类、通信类课程的专业基础和教学经验 • 熟悉以工作过程导向的教学组织 • 具备较强专业水平、专业能力，具备创新理念 • 具有动车组网络控制及信息设备制造和运用企业的实践经验和专业技能	1	• 具有一定的教学工作经验 • 具有动车组网络控制及信息设备制造或运用企业现场工作实践经验 • 熟悉现场，具有较强现场生产管理组织经验 • 具备较强专业水平、专业能力，具备创新理念 • 能够进行教学组织与实施
TC5 动车组运行控制系统	理论知识： • 熟悉动车组司机出乘标准化作业流程 • 掌握动车组出乘前试验流程 • 熟悉动车组运用的各项规章制度 • 掌握动车组的各项操纵方法 • 熟悉铁路信号的类型和表示含义 • 熟悉动车组的行车组织规则 • 熟悉动车组非正常行车状态下处理办法 • 熟悉动车组故障状态下的处理办法 • 掌握动车组呼唤应答标准 实践技能： • 具备在电气化区段安全操纵能力 • 具备动车组整备检查保养能力 • 具备铁路信号识别能力 • 能按标准进行车机联控，实施呼唤应答 • 具备动车组非正常状态下安全行车和故障状态证救援回送能力 • 具备动车组突发紧急事故时的处理能力 • 具备动车组运行组织实施能力	2	• 具有动车组操纵、电力机车驾驶、技规等课程教学经验 • 熟悉以工作过程导向的教学组织，能利用信息化教学手段组织教学 • 具备较强专业水平、专业能力，具备创新理念 • 具有动车组操纵岗位工作经验和专业技能 • 熟悉动车组运用的各项规章制度	1	• 具有动车组操纵等课程教学或实践经验 • 熟悉现场，具有较强的现场生产管理组织经验 • 具备较强专业水平、专业能力，具备创新理念 • 能够进行教学组织与实施 • 具有两年以上的动车组操纵岗位经验

续表

序号	能力结构要求	专任教师		兼职教师	
		数量	要求	数量	要求
TC6 动车组辅助设备的操纵与维护	理论知识： • 掌握动车组辅助供电、空调装置、车门车窗和室内设备的基础知识 • 掌握动车组辅助供电、空调换气装置、车门车窗、室内设备的主要部件的结构、作用、工作原理 • 掌握动车组辅助设备的相关操作及维护规程 实践技能： • 能按检修工艺标准完成对辅助电源系统的检查与维护 • 能按检修工艺标准完成对空调与换气系统的检查与维护 • 能按检修工艺标准完成对车门车窗的检查及维护 • 能对动车组室内设备进行维护与检修 • 具备动车组突发紧急事故时的处理能力 • 能熟练运用动车组检修工具、仪器仪表完成对辅助设备的检修	2	• 具有动车组辅助设备、空调、动车组牵引传动系统 等课程的教学经验 • 熟悉以工作过程导向的教学组织 • 具备较强专业水平、专业能力，具备创新理念 • 具有动车组辅助设备生产和维护检修企业的实践经验和专业技能 • 熟悉动车组辅助设备检修常用工具、设备、仪器仪表的使用方法	1	• 具有一定的教学工作经验 • 具有动车组辅助设备制造或运用企业现场工作实践经验 • 熟悉现场，具有较强现场生产管理组织经验 • 具备较强专业水平、专业能力，具备创新理念 • 能够进行教学组织与实施
TC7 动车组维护与检修	理论知识： • 掌握动车组主要部件的拆装、清洗、检查及修理 • 熟悉动车组检修主要设备的工作原理和用途 • 熟悉动车组运用修和高级修的流程、步骤与内容 • 熟悉动车组的操纵 • 熟悉动车组总体 • 掌握动车组总体线路工作原理、性能及特点 • 熟悉动车组电器动作、电气设备的工作与控制电路的关系 • 熟悉动车组控制线路的控制原理，掌握分析方法 • 掌握动车组的故障的分析判断方法， • 掌握动车组应急故障处理的方法和步骤 • 掌握动车组电气线路分析 • 熟悉动车组自动控制的原理	2	• 具有动车组操纵、动车组检修课程教学经验 • 熟悉以工作过程为导向的教学组织 • 具备较强的专业水平、专业能力，具备创新理念 • 具有动车组操纵、动车组检修岗位工作经验和专业技能	1	• 具有动车组操纵、动车组检修课程教学或实践经验 • 熟悉现场，具有较强的现场生产管理组织经验 • 具备较强专业水平、专业能力，具备创新理念 • 能够进行教学组织与实施

续表

序号	能力结构要求	专任教师		兼职教师	
		数量	要求	数量	要求
TC7 动车组维护与检修	实践技能： • 正确使用动车组主要检修设备 • 动车组的自检自修 • 动车组的安全操纵能力 • 动车组电气线路认知、识图能力 • 动车组电气故障的分析判断和应急处理能力 • 动车组制动装置故障的分析判断和应急处理 • 动车组突发紧急事故时的处理能力 • 动车组运行组织实施能力				

3. 教师进修培训要求

公共课教师应参加教育教学或新技术的培训，外语教师要参加出国培训；专任教师每年必须参加一次校外教育教学研究活动。

所有专业课程主讲教师应认真钻研专业，参与企业实践和企业项目，自觉了解行业新发展，不断充实专业知识，提升专业技能，每年至少有两个月的时间在行业企业现场学习或社会实践。专业课专任教师至少有过出国培训学习的经历，每五年必须参加一次国家级或省级培训。

选拔专业优秀教师进入具有国际影响力的公司（世界500强企业）挂职锻炼，参与企业研发项目与应用项目，不断开拓国际视野，跟踪国际高速动车组方向前沿新技术并引入到教学实践中。

选拔专业优秀教师赴国外先进职业院校或者职业教育研究机构学习，开展合作研究，进行学术交流与研讨，开拓国际视野，与国外先进教育理念接轨。

所有专业课教师应积极投身于专业课程改革实践教学中，不断更新教育观念，积极参加工作过程导向、微课、慕课等先进教学方法与教学手段的培训。

第 2 篇

专业课程及国际化素养课程标准

3 专业课课程标准

3.1 动车组随车机械师应急故障处理

3.1.1 课程概述

（1）课程名称：动车组随车机械师应急故障处理。

（2）课程性质：专业集中实训课。

（3）参考学时：48 学时。

（4）参考学分：2 学分。

3.1.2 课程性质和任务

本课程是动车组检修技术专业的专业集中实训课程，是必修课。其任务是使学生掌握国内外主流动车组运行过程中的常见故障，以及处理各种应急故障的专业知识和专业技能。培养学生具有丰富的理论知识和精湛的技能水平，能严格按照工艺流程标准完成对动车组的维护与检修、能严格按照动车组随车机械师作业标准完成对动车组的整备检查、能严格按照非正常行车与故障处理标准完成对动车组运营过程中的突发故障处理或救援工作。内容包括国内外动车组各系统的工作原理、车体、车内、转向架的检修、供风、制动系统的检修、高压及牵引设备的检修、电气装置及控制系统的检修、电器设备故障处理、制动系统故障处理、通信设备故障处理、辅助设备故障处理等。

3.1.3 课程目标

1. 知识目标

（1）高速动车组概述。

（2）国内外动车组各系统的工作原理。

（3）国内外动车组车体、车内、转向架的检修。

（4）国内外动车组供风、制动系统的检修。

（5）国内外动车组高压及牵引设备的检修。
（6）国内外动车组电气装置及控制系统的检修。
（7）国内外动车组电器设备故障处理。
（8）国内外动车组制动系统故障处理。
（9）国内外动车组通信设备故障处理。
（10）国内外动车组辅助设备故障处理。

2. 能力目标

（1）动车组总体布置认知能力。
（2）动车组各设备的认知能力对其进行检查和维护的能力。
（3）动车组电器设备故障处理能力。
（4）动车组通信设备故障处理能力。
（5）动车组防滑装置的认知能力。
（6）动车组牵引、制动系统故障处理能力。
（7）动车组辅助设备故障处理能力。

3. 素质目标

（1）理论联系实际的能力。
（2）学会制定、实施工作计划。
（3）故障处理能力。
（4）境外跨区域工艺文件理解能力，检查、判断能力。
（5）境外跨区域团队组织能力，班组管理能力。
（6）境外跨区域理论知识的运用能力。
（7）境外跨区域工作流程确认能力。
（8）境外跨区域沟通协调能力，语言表达能力。
（9）责任心与职业道德。
（10）境外跨区域安全与自我保护能力。

3.1.4 课程设计思路

根据职业能力标准，以重点职业能力为依据确定课程目标，依据职业能力整合所需相关知识和技能，设计课程内容，以工作任务为载体构建“能力递进”课程。

课程结构以就业岗位对就业人员知识、技能的需求取向，通过动车组电器设备故障处理、动车组牵引、制动系统故障、动车组通信设备故障处理、动车组辅助设备故障处理等活动，构建列车整体组成结构、工作原理、系统功能、维护保养、故障处理等知识结构和能力结构，形成相应的职业能力。

课程主要内容为动车组随车机械师作业标准、动车组应急故障处理标准中的知识点和操作要求。

3.1.5 课程教学设计

序号	学习任务	职业能力	知识、技能、态度要求	教学活动设计	评价	学时
1	对动车组整体认知能力	2.1.1 2.1.2 2.1.3 2.1.4	1. 了解高速铁路的发展简介； 2. 掌握CRH动车组各车型编组状况； 3. 掌握动车组运用与维修基础知识	1. 高速铁路的发展简介； 2. CRH动车组状况； 3. 动车组运用与维修	课堂提问、陈述、作业考核	2
2	车体车内转向架的认知	1.2.2 1.4.4	1. 掌握动车组车体的结构与外观特点； 2. 掌握动车组侧门、车窗、风挡、头罩、车钩缓冲装置结构与功能； 3. 掌握动车组司机室、车内设备结构及功能； 4. 掌握动车组转向架的结构及功能	1. 车体的结构与外观； 2. 侧门、车窗、风挡、头罩、车钩缓冲装置； 3. 司机室、车内设备； 4. 转向架的结构及主要部件	课堂提问、陈述、作业考核	6
3	制动系统的整体认知能力	1.2.3 1.4.4	1. 掌握供风装置结构与功能； 2. 掌握基础制动装置结构与功能； 3. 掌握制动控制装置组成及工作原理	1. 供风装置； 2. 基础制动装置； 3. 制动控制装置	课堂提问、陈述、作业考核	4
4	高压及牵引系统的整体认知能力	1.2.1 1.3.1 1.4.4	掌握牵引传动系统组成结构与原理； 掌握高压断路器、牵引变压器等高压设备的组成结构、工作原理及功能； 掌握其他网侧设备的结构、原理及功能	1. 高压设备的原理及组成； 2. 牵引设备的原理及组成	课堂提问、陈述、作业考核	6
5	电气装置及控制系统的整体认知能力	1.2.1 1.3.1 1.4.4	1. 掌握辅助电源装置结构及工作原理； 2. 掌握车内电器设备结构及工作原理； 3. 掌握空调系统结构及工作原理； 4. 掌握旅客信息系统组成及工作原理	1. 辅助装置； 2. 车内电器设备； 3. 空调系统； 4. 控制系统	课堂提问、陈述、作业考核	6

续表

序号	学习任务	职业能力	知识、技能、态度要求	教学活动设计	评价	学时
6	动车组电器设备故障处理能力	1.2.1 1.3.1 1.4.4	1. 掌握主断路器电器设备故障处理方法与流程； 2. 掌握紧急接地装置设备故障处理方法与流程； 3. 掌握受电弓电器设备故障处理方法与流程； 4. 掌握其他类型电器设备故障处理方法与流程	1. VCB 闭合，受电弓不能升起； 2. EGS 接地导致受电弓升不起； 3. 6 号车厢受电弓损坏，升不起，需换弓； 4. 6 号车厢受电弓损坏，无法降下； 5. 受电弓 VCB 的 NFB 在断开位； 6. 三次侧过电流，主断合不上； 7. 原因不明确，主断无法闭合； 8. VCBOR3 继电器常开触点粘连	软件操作	6
7	动车组牵引、制动系统故障处理能力	1.2.1 1.2.3 1.3.1 1.3.2 1.4.4	1. 掌握制动力不足故障处理方法与流程； 2. 掌握牵引电动机通风机故障处理方法与流程； 3. 掌握主断路器跳开故障处理方法与流程； 4. 掌握机车无法牵引故障处理方法与流程； 5. 掌握系统触发紧急制动故障处理方法与流程	1. 制动力不足； 2. 6 号牵引电动机通风机 2 停止，司机操纵台故障灯“电气设备”灯亮，该节车 K 断开； 3. 二次侧接地，主断跳开，“电气设备”灯亮； 4. 二次侧接地，主断跳开，“电气设备”灯亮； 5. 系统检测到机车制动不足，触发紧急制动； 6. 3 号车 K 断开，此节车无法牵引和再生制动	软件操作	6
8	动车组通信设备故障处理能力	1.2.4 1.2.5 1.3.3 1.3.4 1.4.4	1. 掌握 ATP 不能正常启动故障处理方法与流程； 2. 掌握 ATP 输出紧急制动故障处理方法与流程； 3. 掌握车组间通信故障处理方法与流程； 4. 掌握重联操作时故障处理方法与流程	1. 因 VCB 先闭合，ATP 在启动时受 VCB 吸合时产生的大电流干扰，导致 ATP 不能正常启动； 2. ATP 输出紧急制动，机车紧急、APU 停机，辅助电源失电； 3. ATP 控制自动开关断开，ATP 不能启动； 4. 两编组无法正常通信 5. 联挂时无距离显示	软件操作	6

续表

序号	学习任务	职业能力	知识、技能、态度要求	教学活动设计	评价	学时
9	动车组辅助设备故障处理能力	1.2.1 1.3.5 1.4.4	1. 掌握辅助电源故障处理方法与流程； 2. 掌握直流电路失电导致的空调控制故障处理方法与流程； 3. 掌握制暖故障处理方法与流程； 4. 掌握动车组车厢故障处理方法与流程	1. APU 停机，辅助电源失电； 2. 110 V 电路失电，无法进行空调控制； 3. 加热回路失电，无法制暖； 4. 此节车无法牵引和再生制动	软件操作	6

3.1.6 教学实施

1. 教学建议

重视实践教学环节，按工作任务或项目组织教学，精选学习项目和真实训练项目把握本课程的知识点和技能点。采用精讲多练的教学方法，立足于培养学生的综合职业能力、严谨的工作作风和良好的职业素养。

2. 教材选用与编写

教材选取的原则：新颖、全面。

推荐教材：中国铁道出版社《CRH3C 型动车组机械师》。

参考教材：中国铁道出版社《CRH2 型动车组机械师》。

3. 教学资源

（1）完整的教案、讲稿，配套的课程 PPT。

（2）具有完善的实验、实训设备，能完成所有课程相关的实践教学。

（3）有中央财政建设的专业实训基地，能满足专业教学与实践活动的开展。

（4）理论教学应注重讲、练结合，应该将概念讲解、实例演示有机结合，同时，尽可能地为学生提供练习的机会，提高教学效果。

（5）教学、考核、反馈是教学过程的重要组成，及时反馈可使学生及时了解学习效果，因此，在课堂上适当进行形式多样的考核，并及时讲评，有利于提高教学质量。

（6）为了发挥学生的主观能动性，提高学生的职业素质，教师不必在课堂上讲授所有的知识要点，将一些简单的、雷同的内容分配给学生，要求他们以组为单位完成预习、实践，甚至上台给其他组讲解，并能回答其他同学的提问，最后由教师给予全面总结。

（7）采用视听多媒体教学法开阔学生思维，特别是结合动车段、动车运用所的现场检修视频、工艺文件展开教学，多提问、多讨论，激发学生强烈的学习兴趣。

（8）让学生将理论与实践相结合，多进行现场教学或现场参观学习。

3.1.7 训练项目设计

本课程训练项目应包括动车组电器设备故障处理、动车组牵引、制动系统故障、动车组通信设备故障处理、动车组辅助设备故障处理等基本操作，学校应根据产业特点、就业岗位和国内外合作企业，参照下列训练项目示例合理设计训练项目。

1. 训练项目示例一：动车组电器设备故障处理

1）项目描述

依托动车组模拟仿真系统的应急故障处理单元，对与电器设备有关的项目进行现场操作练习，特别是针对运行过程中容易出故障的电器设备项目进行专项练习。

2）训练要求

以前面的理论讲解为基础，结合动车组模拟仿真系统，要求学生掌握动车组在运行过程中出现的电器相关的应急故障进行练习，练习结束后，进行操作考核。

2. 训练项目示例二：动车组牵引、制动系统故障

1）项目描述

依托动车组模拟仿真系统的应急故障处理单元，对与牵引、制动系统相关的项目进行现场操作练习，特别是对运行过程中容易出故障的牵引、制动设备进行专项练习

2）训练要求

以前面的理论讲解为基础，结合动车组模拟仿真系统，要求学生掌握动车组在运行过程中出现的牵引、制动相关的应急故障进行练习，练习结束后，进行操作考核。

3. 训练项目示例三：动车组通信设备故障处理

1）项目描述

依托动车组模拟仿真系统的应急故障处理单元，对与通信相关的设备项目进行现场操作练习，特别是在运行过程中容易出故障的通信设备进行专项练习。

2）训练要求

以前面的理论讲解为基础，结合动车组模拟仿真系统，要求学生针对动车组在运行过程中出现的通信相关的应急故障进行练习，练习结束后，进行操作考核。

4. 训练项目示例四：动车组辅助设备故障处理

1）项目描述

依托动车组模拟仿真系统的应急故障处理单元，对与辅助设备相关的项目进行现场操作练习，特别是在运行过程中容易出故障的辅助设备进行专项练习。

2）训练要求

以前面的理论讲解为基础，结合动车组模拟仿真系统，要求学生掌握动车组在运行过程中出现的辅助设备相关的应急故障进行练习，练习结束后，进行操作考核。

3.1.8 课程考核

1. 考核内容

本课程考核内容包括理论部分考核、实践部分考核和平时成绩考核三部分，理论部分考核为笔试，实践部分考核为现场操作考核，平时成绩考核为平时作业、考勤和期中考试等。

2. 成绩评定

序号	名称		考核比例
1	理论部分考核	期末考试（闭卷，统考）	60%
2	实践部分考核	过程考核（操作、数据整理分析等）	20%
3	平时成绩	过程记录（考勤、作业、期中考试、6S 管理等）	20%
4	总评		100%

3. 评分要点与评分标准

<table>
<tr><th rowspan="2">序号</th><th rowspan="2">考核点</th><th rowspan="2">建议考核方式</th><th colspan="3">评价标准</th><th rowspan="2">考核比例</th></tr>
<tr><th>优（90 分）</th><th>良（75 分）</th><th>及格（60 分）</th></tr>
<tr><td rowspan="5">1</td><td>动车组概述</td><td rowspan="5">理论考核</td><td rowspan="5">卷面成绩 90 分以上合格</td><td rowspan="5">卷面成绩 75 分以上合格</td><td rowspan="5">卷面成绩 60 分以上合格</td><td rowspan="5">30</td></tr>
<tr><td>动车组车体，车内，转向架</td></tr>
<tr><td>制动系统</td></tr>
<tr><td>高压及牵引系统</td></tr>
<tr><td>电气装置及控制系统</td></tr>
<tr><td rowspan="4">2</td><td>动车组车体，车内，转向架的检修</td><td rowspan="4">提问口述</td><td rowspan="4">回答问题正确率 90%</td><td rowspan="4">回答问题正确率 75%</td><td rowspan="4">回答问题正确率 60%</td><td rowspan="4">20</td></tr>
<tr><td>制动系统的检修</td></tr>
<tr><td>高压及牵引系统的检修</td></tr>
<tr><td>电气装置及控制系统的检修</td></tr>
<tr><td rowspan="4">3</td><td>动车组电器设备故障处理</td><td rowspan="4">软件模拟</td><td rowspan="4">7 个考核点合格</td><td rowspan="4">5 个考核点合格</td><td rowspan="4">4 个考核点合格</td><td rowspan="4">30</td></tr>
<tr><td>动车组牵引、制动系统故障处理</td></tr>
<tr><td>动车组通信设备故障处理</td></tr>
<tr><td>动车组辅助设备故障处理</td></tr>
<tr><td>4</td><td>平时成绩</td><td colspan="4"></td><td>20</td></tr>
<tr><td colspan="2">合 计</td><td colspan="4"></td><td>100</td></tr>
</table>

3.2 动车组检修实训

3.2.1 课程概述

（1）课程名称：动车组检修实训。
（2）课程性质：专业集中实训课。
（3）参考学时：28 学时。
（4）参考学分：1 学分。

3.2.2 课程性质和任务

本课程是动车组检修技术专业的专业集中实训课程，是必修课。其任务是使学生掌握动车仪器、仪表使用及动车组一、二级检修和专项修的基本知识和基本技能，培养学生科学思维能力、分析解决实际问题的能力，使学生素质得到全面提高；使学生掌握动车组检修工具、仪器仪表、检修设备的使用方法与注意事项，能严格按照动车组检修工艺流程与标准完成对动车组的一级、二级和专项检修；把学生培养成能够全面、个性、可持续发展，具有国际公认优秀素养，能参与未来国际合作与竞争的人。内容包括动车组检修、运转方面的安全技术、动车组一、二级检修、专项修作业流程与作业标准、动车组检修的基本知识和有关规章制度。

3.2.3 课程目标

1. 知识目标

（1）学生动车组检修、运转方面的安全技术；
（2）进一步熟悉动车组各部分结构作用，全面掌握动车组一、二级检修、专项修作业流程与作业标准，熟悉工作环境；
（3）进一步熟悉动车组检修的基本知识和有关规章制度。

2. 能力目标

（1）培养学生谦虚、好学的能力。
（2）培养学生勤于思考、做事认真的良好作风。
（3）培养学生分析问题、解决问题的能力。
（4）培养学生的独立学习能力和决策能力。
（5）培养学生使其具有阅读有关技术资料，自我拓展学习本专业的新技术、新工艺，获取新知识的能力。

3. 素质目标

（1）培养学生的沟通能力及团队协作精神。
（2）培养学生良好的职业道德。

（3）培养学生勇于创新、敬业乐业的工作作风。
（4）境外跨区域工艺文件理解能力，检查、判断能力。
（5）境外跨区域团队组织能力，班组管理能力。
（6）境外跨区域理论知识的运用能力。
（7）境外跨区域工作流程确认能力。
（8）境外跨区域沟通协调能力，语言表达能力。

3.2.4 课程设计思路

根据职业能力标准，以重点职业能力为依据从而确定课程目标，依据职业能力整合所需相关知识和技能，设计课程内容，以工作任务为载体构建“能力递进”课程。

课程结构以就业岗位对就业人员知识、技能的需求取向，通过动车组一级检修实习、动车组 M 检修实习等活动，构建动车组一级检修、二级检修工艺流程、工艺标准、操作安全及注意事项等知识结构和能力结构，形成相应的职业能力。

课程主要内容为动车组检修工艺流程与标准、铁道行业标准［中华人民共和国铁道行业标准（TB）］中的知识点和操作要求。

3.2.5 课程教学设计

序号	学习任务	职业能力	知识、技能、态度要求	教学活动设计	评价	学时
1	安全技术教育	1.2.4	掌握动车组运用与检修的安全规划、要求和生产细则、事故伤害的处理措施	1. 铁路职工一般安全教育知识； 2.《作业安全细则》或所定安全生产细则中，动车组地勤师一般安全要求； 3. 电气化铁路职工防止触电伤事故的措施； 4. 参观并分班组	课堂问答	4
2	动车组一、二检修实习	2.1 2.2 2.3	1. 掌握动车组车上、车内设备检修工艺流程与标准； 2. 掌握动车组车下、两偶设备检修工艺流程与标准； 3. 掌握动车组关键设备检修工艺流程与标准	1. 动车组车间、班组安全教育； 2. 动车组维护与检修工具、仪器仪表、设备使用方法； 3. 动车组一级检修工艺流程与工艺标准； 4. 动车组二级检修工艺流程与工艺标准	实际操作 PPT 汇报	12
3	动车组 M 修实习	2.1 2.2 2.3	1. 空心轴探伤； 2. 更换碳滑板； 3. 更换闸瓦； 4. 旋轮	1. 动车组车间、班组安全教育； 2. 动车组维护与检修工具、仪器仪表、设备使用方法； 3. 动车组专项 M 修工艺流程与工艺标准； 4. 动车组空心车轴探伤工艺流程与工艺标准； 5. 动车组关键设备检修工艺流程与工艺标准	实际操作 PPT 汇报	12

3.2.6 教学实施

1. 教学建议

重视实践教学环节，按工作任务或项目组织教学，精选学习项目和真实训练项目把握本课程的知识点和技能点。采用精讲多练的教学方法，立足于培养学生的综合职业能力、严谨的工作作风和良好的职业素养。

2. 教材选用与编写

教材选取的原则：新颖、全面。

推荐教材：罗伟主编，西南交通大学《高速动车组技术》。

参考教学资料：《动车组运用维修作业标准》。

3. 教学资源

（1）完整的教案、讲稿，配套的课程 PPT。

（2）具有完善的实验、实训设备，能完成所有课程相关的实践教学。

（3）有中央财政建设的专业实训基地，能满足专业教学与实践活动的开展。

（4）本课程通过在长沙所实习，将学生分批派到长沙所各个班组进行检修实习，跟班作业；一个班分为两个组，考虑到现场不能从事作业，学生分组后实践，在检修实习中消化所学的理论知识，加强现场的感受；还可充分运用新实训室的实训设备，按标准，学生自己动手操纵进行实训。

（5）参与本课程的教师应具备较系统的动车组检修专业知识，具备动车检修、运用相关各项规章专业知识，具备动车组一级检修专业知识，具备动车组二级检修专业知识。

（6）学习场地、设施要求：长沙动车所现场实习或动车组综合实训室。

3.2.7 训练项目设计

本课程训练项目应包括动车组一级检修实习、动车组 M 检修实习等基本操作，学校应根据产业特点、就业岗位和国内外合作企业，参照下列训练项目示例合理设计训练项目。

1. 训练项目示例一：动车组一级检修实习

1）项目描述

将学生分配到班组当中，下班组跟随现场的地勤机械师们一起学习。一名员工负责 2 ~ 3 名学生。师傅在保证作业完成的情况下，负责对现场学生进行指导。

2）训练要求

以前面的学习的理论知识为基础，结合现场师傅的讲解，让学生对动车组一级检修部分有一个直观的认识和理解，之后学生根据所学知识制作 PPT，练习结束后，学生进行 PPT 汇报。

2. 训练项目示例二：动车组 M 检修实习

1）项目描述

将学生分配到班组当中，下班组跟随现场的地勤机械师们一起学习。一名员工负责 2～3 名学生。师傅在保证作业完成的情况下，负责对现场学生进行指导。

2）训练要求

以前面的学习的理论知识为基础，结合现场师傅的讲解，让学生对动车组 M 修部分有一个直观的认识和理解，之后学生根据所学知识制作 PPT，练习结束后，学生进行 PPT 汇报。

3.2.8 课程考核

1. 考核内容

本课程考核内容包括理论部分考核、实践部分考核和平时成绩考核三部分，理论部分考核为笔试，实践部分考核为现场操作考核，平时成绩考核为平时作业、考勤和期中考试等。

2. 成绩评定

序号	名称		考核比例
1	实践部分考核	过程考核（师傅指导意见、实习心得等）	20%
2	汇报	根据实习过程中见习一、二级检修和专项修内容，分组制作汇报 PPT，体现相关设备的检修流程与工艺标准，并通过回答疑问的方式，加深对知识点的理解	60%
3	平时成绩	过程记录（考勤、作业、期中考试、6S 管理等）	20%
4	总评		100%

3. 评分要点与评分标准

序号	考核点	建议考核方式	评价标准			考核比例
			优（90 分）	良（75 分）	及格（60 分）	
1	1. 铁路职工一般安全教育知识 2.《作业安全细则》或所定安全生产细则中，动车组地勤师一般安全要求 3. 电气化铁路职工防止触电伤之事故的措施	课堂提问，PPT 汇报	回答问题正确率 90%	回答问题正确率 75%	回答问题正确率 60%	20

续表

序号	考核点	建议考核方式	评价标准			考核比例
			优（90 分）	良（75 分）	及格（60 分）	
2	空心轴探伤	PPT 汇报，提问	回答问题正确率 90%	回答问题正确率 75%	回答问题正确率 60%	40
	更换闸瓦					
	旋轮					
	更换碳滑板					
	车内设备检修					
	车顶设备检修					
	车下设备检修					
	两侧设备检修					
4	平时成绩					40
合　计						100

3.3　动车组总体

3.3.1　课程概述

（1）课程名称：动车组总体。

（2）课程性质：专业核心课。

（3）参考学时：42 学时。

（4）参考学分：2 学分。

3.3.2　课程性质和任务

本课程是动车组检修技术专业的专业核心课程，是必修课。其任务是：使学生掌握国内外高速动车组转向架技术、动车组车体技术以及动车组车端连接装置等相关知识和国际化列车生产、组装、运用与维护技术，培养学生按照国际化标准对动车组转向架、车体和连接装置生产和组装的能力。内容包括动车组总体综述、动车组转向架技术、动车组车体技术、动车组连接装置等。

3.3.3 课程目标

1. 知识目标

（1）动车组总体综述。
（2）动车组转向架技术。
（3）动车组车体技术。
（4）动车组连接装置。

2. 能力目标

（1）掌握世界各国动车组的基本情况。
（2）掌握动车组总体及主要技术参数。
（3）掌握转向架的任务、组成和分类。
（4）掌握传统铁路客车和货车转向架。
（5）掌握引进 CRH 型动车组转向架技术特点。
（6）掌握动车组转向架构架和轮对轴箱装置。
（7）掌握动车组转向架弹簧装置及减振器。
（8）掌握动车组转向架驱动和牵引连接装置。
（9）掌握动车组转向架基础制动装置。
（10）掌握车体的气密性、强度和流线型。
（11）掌握传统铁路客车车体结构。
（12）掌握动车组车体结构。
（13）掌握车端连接装置的作用、组成及分类。
（14）掌握传统铁路机车车辆所用车钩缓冲器的原理、组成、作用、种类。
（15）掌握引进 CRH 型动车组使用的典型车端连接装置。

3. 素质目标

（1）谦虚、好学的能力。
（2）勤于思考、做事认真的良好作风。
（3）分析问题、解决问题的能力。
（4）独立学习能力和决策能力。
（5）阅读有关技术资料，获取新知识的能力。
（6）自我拓展学习本专业的新技术、新工艺的能力。
（7）能符合境内外企业的用人需求，能适应境内外企业间的交流，能够在境内外企业任职。

3.3.4 课程设计思路

根据职业能力标准，以重点职业能力为依据确定课程目标，依据职业能力整合所需相关知识和技能，设计课程内容，以工作任务为载体构建“能力递进”课程。

课程结构以就业岗位对就业人员知识、技能的需求取向，通过转向架的分解与组装、车辆连接装置作业等活动，构建熟悉动车组转向架等机械设备的结构、原理、组成，掌握动车组机械等知识结构和能力结构，并掌握动车组机械设备的检修工艺流程与标准，形成相应的职业能力。

课程主要内容为国际铁路联盟标准（UIC）、欧洲标准（EN）、国际电工委员会标准（IEC）、日本工业标准（JIS）以及中国国家标准（GB）和铁道行业标准［中华人民共和国铁道行业标准（TB）］中铁路动车组车体、转向架等的相关知识点和操作要求。

3.3.5 课程教学设计

序号	学习任务	职业能力	知识、技能、态度要求	教学活动设计	评价	学时
1	动车组整体认知	1.1.1 1.3.3 2.2.1 3.2.1	1. 掌握世界各国动车组的基本情况（日、法、德等）； 2. 掌握引进动车组的总体技术特点（CRH1/CRH2/RH3/CRH5）； 3. 掌握中国自主创新动车组技术特点（CRH380/CRH6/标准动车组等）	1. 世界各国动车组简介； 2. 中国动车组简介	课堂提问 作业考核	4
	动车组组成及主要技术参数	1.1.1 1.2.5 1.3.3 2.2.1 3.2.1	1. 掌握动车组的基本组成； 2. 掌握动车组的分类形式； 3. 能对动车组的技术参数进行分析	1. 动车组基本组成； 2. 动车组主要技术参数	课堂提问 作业考核	4
2	转向架整体认知	1.1.1 1.2.2 1.2.5 1.3.3 2.2.1 2.3.1 2.3.2	1. 掌握转向架的任务； 2. 掌握转向架组成及各部分作用； 3. 掌握转向架主要技术要求； 4. 掌握转向架的分类	1. 转向架的任务、组成和分类； 2. 几种典型的动车组转向架简介	课堂提问 作业考核	10
			1. 掌握客车和货车转向架基本组成及特点； 2. 掌握客车和货车转向架的基本模式； 3. 掌握我国客车和货车转向架的发展及现状	1. 客车转向架的组成及特点； 2. 货车转向架的组成及特点； 3. 客车和货车转向架的发展及现状		
			1. 掌握摆式列车的基本原理； 2. 掌握摆式列车转向架关键技术； 3. 掌握城市轨道交通车辆转向架	1. 摆式列车基本原理与摆式列车转向架关键技术； 2. 城轨车辆转向架组成及特点		
			1. 掌握动车组转向架基本结构特征； 2. 掌握动车组转向架的主要技术参数； 3. 掌握动车和拖车转向架的基本结构	1. CRH1 型动车组转向架； 2. CRH2 型动车组转向架； 3. CRH3 型动车组转向架； 4. CRH5 型动车组转向架		

续表

序号	学习任务	职业能力	知识、技能、态度要求	教学活动设计	评价	学时
2	转向架的结构分解	1.1.1 1.2.2 1.2.5 1.3.3 2.2.1 2.3.3	1. 掌握构架的作用及组成； 2. 掌握转向架构架的设计原则； 3. 掌握几种典型动车组构架	1. 转向架构架的作用、组成及设计原则； 2. 几种典型动车组构架对比介绍	课堂 作业考核 现场教学	8
			1. 掌握铁道机车车辆轮对的基本知识（包括轮对的组成及作用、轮缘及踏面、磨耗型踏面、弹性车轮等）； 2. 掌握动车组轮对组成（包括车轮、车轴、制动盘和齿轮装置等）； 3. 掌握轴箱的作用形式以及轴箱定位装置的典型结构	1. 轮对基本知识； 2. 动车组轮对； 3. 轴箱的作用和形式		
			1. 掌握弹簧装置的作用； 2. 掌握圆弹簧和橡胶弹簧的特点； 3. 掌握液压减振器的工作原理和特性； 4. 掌握液压减振器的结构； 5. 掌握空气弹簧的特点及系统组成； 6. 掌握空气弹簧的结构和分类	1. 弹簧装置的作用； 2. 圆弹簧和橡胶弹簧； 3. 液压减振器； 4. 空气弹簧		
			1. 掌握驱动装置的作用和结构形式； 2. 掌握轴悬式驱动装置的结构原理； 3. 掌握架悬式驱动装置的结构原理； 4. 掌握体悬式驱动装置的结构原理	1. 驱动装置的作用和结构形式； 2. 轴悬式、架悬式、体悬式驱动装置对比； 3. CRH1、CRH2、CRH3、CRH5 型动车组驱动装置		
			1. 掌握牵引连接装置的作用及形式； 2. 掌握牵引中心销+旁承的连接装置的结构原理； 3. 掌握铰接式转向架的车体与转向架间的连接装置	1. 牵引连接装置的作用及形式； 2. CRH1、CRH2、CRH3、CRH5 型动车组的车体与转向架间的连接装置		
			1. 掌握基础制动装置的形式； 2. 动车转向架基础制动装置的结构组成； 3. 拖车转向架基础制动装置的结构组成	1. 基础制动装置的形式； 2. CRH1、CRH2、CRH3、CRH5 型动车组基础制动装置		

续表

序号	学习任务	职业能力	知识、技能、态度要求	教学活动设计	评价	学时
3	车体结构特点	1.1.1 1.3.3 2.2.1 2.3.1 2.3.2	1. 掌握车体结构设计的具体要求； 2. 掌握车体的轻量化设计及措施； 3. 掌握车体的气密性和强度的要求； 4. 掌握车体的流线型设计	1. 车体结构的构造原则； 2. 车体结构的具体要求	课堂提问 作业考核	2
	车体结构综述	1.1.1 1.3.3 2.2.1 2.3.1 2.3.2	1. 掌握传统铁路客车车体结构（包括底架、侧墙、车顶、端墙）； 2. 掌握动车组铝合金车体结构； 3. 掌握国外典型高速列车车体结构	1. 传统铁路客车车体结构； 2. CRH1、CRH2、CRH3、CRH5 型动车组车体结构	课堂提问 作业考核	2
4	连接装置整体认知	1.1.1 1.3.3 1.3.6 2.2.1	1. 掌握车端连接装置的作用； 2. 掌握车端连接装置的组成； 3. 掌握车端连接装置的分类	车端连接装置整体认知	课堂提问 作业考核	4
	机车车辆车钩缓冲器	1.3.6	1. 掌握车钩的类型、组成及作用； 2. 掌握缓冲器的类型、结构及性能； 3. 掌握风挡和牵引杆类型及结构	机车车辆车钩缓冲器的结构组成	课堂提问 作业考核	4
	动车组车端连接装置	1.1.1 1.2.5 1.3.3 1.3.6 2.2.1	1. 掌握车端连接装置的组成； 2. 掌握自动车钩缓冲装置结构及作用原理； 3. 掌握半永久车钩结构及作用原理； 4. 掌握过渡车钩和风挡结构及作用原理； 5. 掌握电气和压缩空气的连接	1. 动车组车端连接装置作用原理； 2. CRH1、CRH2、CRH3、CRH5 型动车组车端连接装置	课堂提问 作业考核	4

3.3.6 教学实施

1. 教学建议

重视实践教学环节，按工作任务或项目组织教学，精选学习项目和真实训练项目把握本课程的知识点和技能点。采用精讲多练的教学方法，立足于培养学生的综合职业能力、严谨的工作作风和良好的职业素养。

2. 教材选用与编写

推荐教材：罗伟主编，西南交通大学出版社《高速动车组技术》。

参考的教学资料：梁玲坤主编，西南交通大学出版社《动车组构造》；李芾主编，西南交通大学出版社《高速动车组概论》。

3. 教学资源

（1）完整的教案、讲稿，配套的课程 PPT。

（2）具有完善的实验、实训设备，能完成所有课程相关的实践教学。

（3）教学方式多样，利用网络课堂等手段逐步拓宽学生的国际化视野，培养学生自学能力。

（4）通过视听多媒体教学法开阔学生思维，提高学生学习兴趣。

（5）让学生将理论与实践结合，进行现场教学或现场参观学习。

（6）校内实训条件满足“理实一体化”教学需求。

（7）引入国际公认经典教材和权威机构职业资格证培训资料。

（8）借助网络平台广泛搜集优秀教学资源。

3.3.7 训练项目设计

本课程训练项目应包括转向架的分解与组装、车辆连接装置作业等基本操作，学校应根据产业特点、就业岗位和国内外合作企业，参照下列训练项目示例合理设计训练项目。

1. 训练项目示例一：转向架的分解与组装

1）项目描述

以 CRH380B 型动车组为例，掌握动车组转向架的构造，通过动车组一、二、三级检修作业虚拟展示系统，观看动车组转向架分解与组装作业指导视频，学习动车转向架分解与组装步骤，然后进行系统训练与考核。

2）训练要求

观看动车转向架分解与组装作业指导视频，通过虚拟展示系统能对动车转向架及各个零部件进行分解与组装：包括构架、轮对、轴箱、一系悬挂、二系悬挂、驱动装置和基础制动装置，全面掌握动车组转向架的结构。

2. 训练项目示例二：车辆连接装置作业

1）项目描述

以 CRH380B 型动车组为例，掌握动车组车端连接装置结构及作用原理，通过仿真车钩及开闭机构装置，观看头罩开闭及车钩连挂的过程，学习车端连接装置的动作顺序及动作方式，然后进行系统训练与考核。

2）训练要求

能对仿真车钩及开闭机构装置进行作业演练，实现头罩开闭、车钩连挂与解编功能，能对仿真车钩、过渡车钩及开闭机构进行拆解及组装，全面掌握动车组车钩及开闭机构的结构和作用原理。

3.3.8 课程考核

1. 考核内容

本课程考核内容包括理论部分考核、实践部分考核和平时成绩考核三部分，理论部分考核为笔试，实践部分考核为现场操作考核，平时成绩考核为平时作业、考勤等。

2. 成绩评定

序号	名称			考核比例
1	理论部分考核	平时成绩	迟到、旷课、回答问题情况	20%
			作业成绩情况	10%
		期末考试	考试成绩	50%
		小　计		80%
2	实践部分考核	训练考核 答辩		20%
3	总评			100%

3. 评分要点与评分标准

序号	教学单元	考核内容及要求	成绩比例（%）
1	动车组总体综述	1. 世界各国动车组的基本情况； 2. 动车组总体技术特点； 3. 动车组的基本组成； 4. 动车组的分类形式； 5. 动车组的主要技术参数	15
2	动车组转向架技术	1. 转向架基本知识； 2. 客车和货车转向架； 3. 摆式列车及城轨车辆转向架； 4. 动车组转向架概述； 5. 动车组转向架结构（构架、轮对轴箱、弹簧装置及减振器、驱动装置、车体与转向架间的连接装置、基础制动装置等）	45
3	动车组车体技术	1. 车体结构设计的要求； 2. 车体轻量化设计及措施； 3. 车体气密性和强度的要求； 4. 车体流线型设计； 5. 传统铁路客车车体结构； 6. 动车组车体结构	15
4	动车组连接装置	1. 车端连接装置的作用、组成及分类； 2. 机车车辆车钩缓冲器的结构组成； 3. 动车组车端连接装置的结构组成（自动车钩、半永久车钩、过渡车钩、风挡、电气和压缩空气的连接）	25
合　计			100

3.4 动车组牵引传动系统

3.4.1 课程概述

（1）课程名称：动车组牵引传动系统。

（2）课程性质：专业核心课。

（3）参考学时：84 学时。

（4）参考学分：4 学分。

3.4.2 课程性质和任务

本课程是动车组检修技术专业的核心课程，是必修课。其任务是：使学生掌握动车组牵引控制系统的工作原理、系统组成知识和动车组牵引变压器、牵引电机的结构及维护要求技术，培养其制定实施工作计划、分析检查判断等方法能力。内容包括掌握动车组牵引变压器、牵引电机的结构及维护要求，掌握动车组牵引变流器、辅助变流器的结构组成及工作原理，能够熟悉动车组牵引系统控制电路的原理分析方法，了解动车组牵引控制系统常见故障的分析方法。

3.4.3 课程目标

1. 知识目标

（1）具备动车组总体设备布置认知能力。

（2）掌握动车组网侧高压设备的结构及动作原理，并具备对其进行检查和维护的能力。

（3）掌握动车组牵引变压器、牵引电机的结构及动作原理，并具备对其进行检查和维护的能力。

（4）掌握动车组牵引变流器、辅助变流器的结构及动作原理，并具备对其进行检查和维护的能力。

（5）掌握动车组司机室主要电器设备的结构及动作原理，并具备对其进行检查和维护的能力。

2. 能力目标

（1）具有自主学习的能力。

（2）具有分析问题和查找相应资料的能力。

（3）制订工作流程的能力。

（4）独立学习能力和决策能力。

（5）具有阅读有关技术资料，自我拓展学习本专业的新技术、新工艺，获取新知识的能力。

3. 素质目标

（1）具备良好的沟通能力及团队协作精神。
（2）具备良好的职业道德。
（3）具备勇于创新、敬业乐业的工作作风。
（4）具备良好的安全意识。
（5）具备较强的表达能力、沟通能力、组织实施能力。
（6）具备基本的生产组织、技术管理能力。
（7）培养学生具有国际优势素养，融合本土和国际文化素养集成的优势。

3.4.4 课程设计思路

根据职业能力标准，以重点职业能力为依据确定课程目标，依据职业能力整合所需的相关知识和技能，设计课程内容，以工作任务为载体构建“能力递进”课程。

课程结构以就业岗位对就业人员知识、技能的需求取向，通过主电路、控制电路的分析、高压器件与系统的结构组成、工作原理、使用及维护检修的注意事项等活动，构建列车高、低电器系统的结构认知、工作原理、维护保养、故障处理等知识结构和能力结构，形成相应的职业能力。

课程主要内容为车辆电工国家职业资格标准、铁道行业标准［中华人民共和国铁道行业标准（TB）］中的知识点和操作要求。

3.4.5 课程教学设计

序号	学习任务	职业能力	知识、技能、态度要求	教学活动设计	评价	学时
1	高铁体系及动车组运用检修基础	1.2.1 1.3.1 1.4.4 3.1.2	1. 掌握动车组牵引控制系统检查与维护的基本要求和学习的要点； 2. 掌握国内外高速动车组的发展概况； 3. 掌握高铁体系及动车组运用检修的基础知识； 4. 掌握动车组一级检修的一般流程及工艺文件； 5. 掌握动车段与运用所的基本情况	1. 动车组牵引控制系统检查与维护概述； 2. 高铁体系及动车组运用检修基础知识； 3. 国内外高速动车组的发展概况； 4. 动车组一级检修的一般流程； 5. 动车段与运用所的基本知识	过程与期终考核	12

续表

序号	学习任务	职业能力	知识、技能、态度要求	教学活动设计	评价	学时
2	动车组电器设备的布置与电气连接	1.2.1 1.3.1 1.4.4 3.1.2	1. 掌握牵引传动系统主电路的工作原理； 2. 掌握动车组牵引传动系统的工作原理及主要设备； 3. 掌握动车组电器设备的分布基本原则及电器设备之间电缆连接的方式； 4. 掌握某型动车组牵引传动系统的电器设备布置图及布线图的绘制方法； 5. 掌握动车组驾驶的基本流程，并通过动车组的操纵了解牵引传动系统的工作情况	1. 电气化铁路安全知识，安全操作规范； 2. 动车组的结构组成； 3. 动车组的总体设备布置	过程与期终考核	10
3	动车组受电弓的检查和维护	1.2.1 1.3.1 1.4.4 3.1.2	1. 掌握受电弓的作用、结构组成、动作原理及其主要技术参数； 2. 掌握受电弓的日常检查与维护流程及重要参数； 3. 掌握受电弓检查与维护的安全操作规程，能进行受电弓检查与维护的安全作业	动车组受电弓的作用、结构组成、动作原理、主要技术参数及日常检查与维护的检查过程、零部件更换条件及作业用材料、工具和设备等	过程与期终考核	10 （2）
4	动车组网侧高压电器设备的检查和维护	1.2.1 1.3.1 1.4.4 3.1.2	1. 掌握主断路器的作用、结构组成、动作原理及其主要技术参数； 2. 掌握主断路器的日常检查与维护工作； 3. 了解主断路器检查与维护的安全操作规程，能进行主断路器检查与维护安全作业； 4. 掌握保护接地开关、高压隔离开关、高压电压互感器、高压电流互感器、避雷器等电器设备的作用、结构组成、工作原理及其主要技术参数，能够完成对其日常检查与维护工作，并按照安全操作规程进行安全作业	1. 动车组网侧高压设备的作用、结构组成、动作原理、主要技术参数及日常检查与维护的检查过程； 2. 零部件更换条件及作业用材料、工具和设备等	过程与期终考核	12 （4）
5	动车组牵引变压器的检查和维护	1.2.1 1.3.1 1.4.4 3.1.2	1. 能够熟悉牵引变压器与普通变压器相比特殊的结构及其冷却系统的构成； 2. 能够完成牵引变压器的日常检查与维护工作	1. 动车组牵引变压器的结构组成、主要技术参数； 2. 日常检查与维护的检查过程、零部件更换条件及作业用材料、工具和设备等； 3. 接地装置的结构和检修工艺等	过程与期终考核	10

续表

序号	学习任务	职业能力	知识、技能、态度要求	教学活动设计	评价	学时
6	动车组牵引电机的检查和维护	1.2.1 1.3.1 1.4.4 3.1.2	1. 掌握交流牵引电机的工作原理、结构组成、技术参数； 2. 了解交流牵引电机的调速方法； 3. 掌握交流牵引电机的日常检查与维护工作； 4. 掌握日本三菱电机的检修工艺	1. 动车组牵引电机的结构组成、主要技术参数； 2. 日常检查与维护的检查过程、零部件更换条件及作业用材料、工具和设备等； 3. 日本三菱电机检修工艺	过程与期终考核	12 （2）
7	动车组牵引变流器和辅助变流器的检查和维护	1.2.1 1.3.1 1.4.4 3.1.2	1. 掌握牵引变流器的结构组成、电路原理及技术参数； 2. 了解牵引变流器的控制原理； 3. 掌握牵引变流器的日常检查与维护工作； 4. 掌握动车组辅助供电系统的电气原理； 5. 掌握辅助变流器的结构组成、电路原理及技术参数； 6. 掌握辅助变流器的日常检查与维护工作	动车组牵引变流器、辅助变流器的工作原理、结构组成、主要技术参数，能够掌握其日常检查项目及维护方法	过程与期终考核	8
8	动车组低压电器的检查与维护	1.2.1 1.3.1 1.4.4 3.1.2	1. 掌握动车组司机室操纵台上主要电器设备（如主司机控制器、制动控制器、各种按钮开关及仪表、显示屏）的作用、结构组成、工作原理及其主要技术参数； 2. 掌握动车组各种电气屏柜内的设备清单及位置分布规律，熟悉主要电器（如自动空气开关、继电器、接触器等）的作用、型号、结构组成、工作原理及其主要技术参数等； 3. 掌握司机室内、各种电气屏柜主要电器设备的日常检查与维护工作； 4. 掌握低压柜整体日常的检查与维护	动车组司机室内、各种电气屏柜主要电器设备的作用、结构组成、工作原理、主要技术参数及其相互联系，日常检查项目及维护方法	过程与期终考核	6 （2）
9	动车组高低压试验的组织与实施	1.2.1 1.3.1 1.4.4 3.1.2	1. 掌握动车组牵引和制动特性； 2. 掌握动车组安全回路、牵引、制动、车门、空调等控制电路的电气原理； 3. 了解动车组高低压试验的试验流程、试验项目和试验方法； 4. 掌握高低压试验的安全操作规范	1. 动车组牵引和制动特性； 2. 动车组安全回路、牵引、制动、车门、空调等控制电路的电气原理； 3. 动车组高低压试验的试验流程、试验项目和试验方法； 4. 高低压试验的安全操作规范	过程与期终考核	4

3.4.6 教学实施

1. 教学建议

重视实践教学环节，按工作任务或项目组织教学，精选学习项目和真实训练项目把握本课程的知识点和技能点。采用精讲多练的教学方法，立足于培养学生的综合职业能力、严谨的工作作风和良好的职业素养。

2. 教材选用与编写

推荐教材：宋雷鸣主编，北京交通大学出版社《动车组供电牵引系统与设备》。
参考的教学资料：黄秀川主编，西南交通大学出版社《动车组牵引与控制系统》。

3. 教学资源

（1）完整的教案、讲稿，配套的课程 PPT。
（2）具有完善的实验、实训设备，能完成所有课程相关的实践教学。
（3）理论教学应注重讲、练结合，应该将概念讲解、实例演示有机结合，同时，尽可能为学生提供练习的机会，提高教学效果。
（4）教学、考核、反馈是教学过程的重要组成，及时反馈可使学生及时了解学习效果，因此，在课堂上适当进行形式多样的考核，并及时讲评，有利于提高教学质量。
（5）为了发挥学生的主观能动性，提高学生的职业素质，教师不必在课堂上讲授所有的知识要点，将一些简单的、雷同的内容分配给学生，要求他们以组为单位完成预习、实践，甚至上台给其他组讲解，并能回答其他同学的提问，最后由教师给予全面总结。
（6）采用视听多媒体教学法开阔学生思维，特别是结合动车段、动车运用所的现场检修视频、工艺文件展开教学，多提问、多讨论，激发学生强烈的学习兴趣。
（7）让学生将理论与实践结合，多进行现场教学或现场参观学习。

3.4.7 训练项目设计

本课程训练项目应包括受电弓认知和故障处理、动车组高压断路器的维护、调试、高压断路器性能参数测量、三相牵引异步电动机的拆装与故障处理、低压电器的维护调等基本操作，学校应根据产业特点、就业岗位和国内外合作企业，参照下列训练项目示例合理设计训练项目。

1. 训练项目示例一：受电弓认知和故障处理

1）项目描述

在实训室通过观察，掌握受电弓的基本工作原理和结构，进行受电弓电气动作试验、调整受电弓维护检修实训、操纵、调试、应急处理。

2）训练要求

通过现场教学和受电弓的实训，让学生全面掌握受电弓的基本工作原理和结构，熟悉受电弓的电气动作试验、调整受电弓维护检修实训、操纵、调试、应急处理，全面掌握知识点。

2. 训练项目示例二：动车组高压断路器的维护、调试

1）项目描述

在实训室通过观察、操作、调试动车组高压断路器，掌握动车组的高压断路器基本工作原理和结构。

2）训练要求

通过现场教学和动车组高压断路器的实训，让学生全面掌握动车组高压断路器的作用、结构、工作原理调试方法，熟悉高压断路器的操作、安装、维护和检修，全面掌握知识点。

3. 训练项目示例三：高压断路器性能参数测量

1）项目描述

在实训室通过测试动车组高压断路器的绝缘电阻、接触电阻和耐压等，掌握动车组高压断路器的各项技术参数。

2）训练要求

通过测试动车组高压断路器的绝缘电阻、接触电阻和耐压等的实训，让学生全面掌握动车组高压断路器的性能参数，全面掌握知识点。

4. 训练项目示例四：三相牵引异步电动机的拆装与故障处理

1）项目描述

在实训室对三相牵引异步电动机的拆装，学习三相牵引异步电动机的工作原理、结构、调试方法，学习其拆装、维护、检修的工艺。

2）训练要求

掌握三相牵引异步电动机的工作原理、结构、调试方法，熟悉其拆装、维护、检修的工艺，能分析故障原因，了解故障处理的方法，全面掌握知识点。

5. 训练项目示例五：低压电器的维护调试

1）项目描述

在实训室对动车组所采用相关低压牵引电器进行观察、拆装，学习低压牵引电器的工作原理、结构、调试方法，学习其拆装、维护、检修的工艺。

2）训练要求

掌握动车组所采用低压主要电器（如自动空气开关、继电器、接触器等）的作用、结构、工作原理调试方法，熟悉牵引低压电器的安装、维护、检修的工艺，全面掌握知识点。

3.4.8 课程考核

1. 考核内容

本课程考核内容包括理论部分考核、实践部分考核和平时成绩考核三部分，理论部分考核为笔试，实践部分考核为现场操作考核，平时成绩考核为平时作业、考勤和期中考试等。

2. 成绩评定

<table>
<tr><th>序号</th><th colspan="2">名　称</th><th>考核比例</th></tr>
<tr><td rowspan="4">1</td><td>专题答辩</td><td>动车组主电气原理图分析</td><td>10%</td></tr>
<tr><td colspan="2">作业成绩</td><td>10%</td></tr>
<tr><td>考试成绩</td><td>期末考试</td><td>50%</td></tr>
<tr><td colspan="2">小　计</td><td>70%</td></tr>
<tr><td>2</td><td colspan="2">教师在教学过程中，对学生的课堂表现、问题回答、现场教学考核</td><td>30%</td></tr>
<tr><td colspan="3">总　评</td><td>100%</td></tr>
</table>

3. 评分要点与评分标准

序号	教学单元	考核的知识点及要求	成绩比例（%）
1	高铁体系及动车组运用检修基础知识	1. 高铁体系及动车组运用检修的基础知识； 2. 国内外高速动车组发展概况； 3. 考核学生制定动车组一级检修的一般流程及工艺文件； 4. 考核学生对动车段与运用所了解的基本情况	10
2	动车组电器设备的布置与电气连接认知	1. 电气化铁路安全知识，安全操作规范； 2. 动车组的结构组成和基本工作原理，动车组总体设备布置形式，总结其特点； 3. 考核学生对动车组总体的认知。能够根据图或实物熟练地说出各电器设备的结构组成及各零部件名称； 4. 考核学生制定各电器设备日常的检查与维护工作计划（包括检查项目，检查程序、零部件更换条件、工具清单等），并进行实际操作的情况，检查其知识运用能力和实际操作能力	10
3	动车组受电弓的检查和维护	1. 动车组受电弓的作用、结构组成、动作原理、主要技术参数及日常检查与维护的检查过程、零部件更换条件及作业用材料、工具和设备等； 2. 考核学生根据图或实物掌握受电弓的结构组成及各零部件名称的程度； 3. 考核学生制定动车组受电弓设备日常的检查与维护工作计划（包括检查项目，检查程序、零部件更换条件、工具清单等），并进行实际操作，检查其知识运用能力和实际操作能力	10

续表

序号	教学单元	考核的知识点及要求	成绩比例（%）
4	动车组网侧高压电器设备的检查和维护	1. 动车组网侧高压设备的作用、结构组成、动作原理、主要技术参数及日常检查与维护的检查过程、零部件更换条件及作业用材料、工具和设备等； 2. 考核学生根据图或实物掌握各电器设备的结构组成及各零部件名称程度； 3. 考核学生制定各电器设备日常的检查与维护工作计划（包括检查项目，检查程序、零部件更换条件、工具清单等），并进行实际操作，检查其知识运用能力和实际操作能力	15
5	动车组牵引变压器的检查和维护	1. 动车组牵引变压器的结构组成、主要技术参数及日常检查与维护的检查过程、零部件更换条件及作业用材料、工具和设备等； 2. 考核学生对动车组牵引变压器的掌握情况； 3. 考核掌握交流牵引变压器的工作原理、结构组成及牵引电机调速方法情况	15
6	动车组牵引电机的检查和维护	1. 动车组牵引电机的结构组成、主要技术参数及日常检查与维护的检查过程、零部件更换条件及作业用材料、工具和设备等； 2. 考核学生对动车组牵引电机的掌握情况； 3. 考核掌握交流牵引电机的工作原理、结构组成及牵引电机调速方法情况； 4. 考核学生制定牵引电机日常的检查与维护工作计划，并进行实际操作，检查其知识运用能力和实际操作能力	15
7	动车组牵引变流器和辅助变流器的检查和维护	1. 动车组牵引变流器、辅助变流器的工作原理、结构组成、主要技术参数，日常检查项目及维护方法； 2. 考核学生对牵引变流器和辅助变流器的掌握情况； 3. 考核说出牵引变流器、辅助变流器的工作原理、结构组成及控制方法程度； 4. 考核学生了解牵引变流器和辅助变流器的日常检查和维护项目及维护方法程度	10
8	动车组低压电器的检查与维护	1. 动车组司机室内主要电器设备的作用、结构组成、工作原理、主要技术参数及其相互联系，能够掌握其日常检查项目及维护方法； 2. 考核学生对司机室专用电器设备的掌握情况； 3. 考核学生绘制司机室设备布置图，标明各开关、按钮、屏柜的位置及名称能力； 4. 考核学生制订上述电器设备的检查与维护计划，并进行实际操作，检查其知识运用能力和实际操作能力； 5. 考核学生在模拟操纵系统中利用司机室各开关、按钮对高压电器设备进行控制操作，了解各高压电器的控制原理程度； 6. 考核学生在操纵动车组的过程中了解牵引系统的调速原理程度	8

续表

序号	教学单元	考核的知识点及要求	成绩比例（%）
9	动车组高低压试验的组织与实施	1. 动车组牵引和制动特性； 2. 动车组安全回路、牵引、制动、车门、空调等控制电路的电气原理； 3. 动车组高低压试验的试验流程、试验项目和试验方法； 4. 简单故障的分析和处理方法； 5. 高低压试验的安全操作规范； 6. 考核学生掌握动车组牵引和制动特性情况、熟悉动车组安全回路、牵引、制动、车门、空调等控制电路的电气原理情况； 7. 考核学生了解动车组高低压试验的试验流程、试验项目和试验方法程度； 8. 考核学生掌握简单故障的分析和处理方法、掌握高低压试验的安全操作规范情况	7
合　计			100

3.5 动车组制动系统

3.5.1 课程概述

（1）课程名称：动车组制动系统。
（2）课程性质：专业核心课。
（3）参考学时：56 学时。
（4）参考学分：2.5 学分。

3.5.2 课程性质和任务

本课程是动车组检修技术专业的核心课程，是必修课。其任务是：培养学生按照动车组国际安全操作规范，正确进行动车组制动系统各组成部分的检查、维护、测试和制动系统操纵等的综合素质和能力。通过学习这门课程，学生不但能够掌握国内外主流动车组制动系统各组成部分的检查维护和简单检修的专业知识和专业技能，还能够全面培养学生使其拥有良好职业道德与责任心，跨区域掌握分析检查判断、跨国界沟通协调、跨区域安全与自我保护等综合素质和能力，通过学习的过程掌握工作岗位需要的各项技能和相关专业知识。并培养其制定实施工作计划、分析检查判断等的方法能力，以及听从指挥、服从安排、安全与自我保护等的综合素质和能力，树立良好的职业道德与责任心。把学生培养成能够全面、个性、可持续发展，具有国际公认优秀素养，能参与未来国际合作与竞争的人。

3.5.3 课程目标

1. 知识目标

（1）制动机的发展历程概述。
（2）动车组制动系统的工作原理。
（3）CRH1/CRH380D 制动系统。
（4）CRH2/CRH380A 制动系统。
（5）CRH3/CRH380B/CRH380C 制动系统。
（6）CRH5 制动系统。
（7）动车组制动系统检修。
（8）动车组制动系统的常见故障处理。

2. 能力目标

（1）动车组制动系统的布置认知能力。
（2）动车组制动控制装置的结构及动作原理的认知能力对其进行检查和维护的能力。
（3）动车组电气制动系统的结构及动作原理的认知能力及对其进行检查和维护的能力。
（4）动车组空气制动系统的认知能力及对其进行检查和维护的能力。
（5）动车组防滑装置的认知能力及对其进行检查和维护的能力。
（6）动车组制动系统的操纵能力。
（7）动车组制动系统常见故障的应急处理能力。

3. 素质目标

（1）学会资料收集整理。
（2）学会制订、实施工作计划。
（3）简单的绘图与识图能力。
（4）境外跨区域工艺文件理解能力，检查、判断能力。
（5）境外跨区域团队组织能力，班组管理能力。
（6）理论知识的运用能力。
（7）境外跨区域工作流程确认能力。
（8）境外跨区域沟通协调能力，语言表达能力。
（9）责任心与职业道德。
（10）境外跨区域安全与自我保护能力。

3.5.4 课程设计思路

根据职业能力标准，以重点职业能力为依据确定课程目标，依据职业能力整合所需相关知识和技能，设计课程内容，以工作任务为载体构建“能力递进”课程。

课程结构以就业岗位对就业人员知识、技能的需求取向，通过供风系统现场教学、制动控制装置现场教学、基础制动装置、制动系统检修、制动系统的检修及故障处理等活动，构建列车制动系统结构组成、功能、保养维护、故障处理等知识结构和能力结构，形成相应的职业能力。

课程主要内容为车辆电工国家职业资格标准、铁道行业标准［中华人民共和国铁道行业标准（TB）］中的知识点和操作要求。

3.5.5 课程教学设计

序号	学习任务	职业能力	知识、技能、态度要求	教学活动设计	评价	学时
1	对动车组制动系统的整体认知能力	1.2.3 1.4.4	1. 了解制动机的概念、意义和发展过程； 2. 掌握动车组制动系统的组成和特点	1. 制动机的意义； 2. 制动机的发展； 3. 制动机的相关概念； 4. 动车组制动系统的组成和特点	过程与期终考核	4
2	动车组电制动系统的工作原理	1.2.3 1.4.4	1. 了解电阻制动和再生制动的概念； 2. 掌握再生制动的原理	1. 电阻制动； 2. 再生制动	过程与期终考核	4
3	压缩空气供给系统的作用及原理	1.2.3 1.4.4	1. 掌握空气压缩机、空气干燥器的作用及工作原理； 2. 了解压力控制器、高压安全阀、风缸的作用	1. 空气压缩机； 2. 压力控制器； 3. 空气干燥器； 4. 安全阀； 5. 风缸； 6. 管路和塞门	过程与期终考核	4
4	空气制动控制装置作用及原理	1.2.3 1.4.4	1. 掌握EP阀作用及原理； 2. 掌握中继阀作用及原理； 3. 了解调压阀作用； 4. 了解电磁阀作用； 5. 了解空重车调整阀作用； 6. 了解增压缸作用； 7. 了解制动缸作用	1. EP阀； 2. 中继阀； 3. 调压阀； 4. 电磁阀； 5. 空重车调整阀； 6. 增压缸； 7. 制动缸	过程与期终考核	4
5	基础制动装置作用和原理	1.2.3 1.4.4	1. 掌握制动盘、制动夹、制动闸片； 2. 了解制动倍率，传动效率的计算	1. 制动盘； 2. 制动夹钳； 3. 制动闸片； 4. 制动倍率； 5. 传动效率	过程与期终考核	4

续表

序号	学习任务	职业能力	知识、技能、态度要求	教学活动设计	评价	学时
6	滑行的检测和防滑装置作用和原理	1.2.3 1.4.4	掌握滑行的危害、黏着、滑行的产生、防滑器、掌握滑行检测及防止的方法	1. 滑行的危害； 2. 黏着； 3. 滑行的产生； 4. 防滑器； 5. 滑行检测； 6. 防止滑行检测	过程与期终考核	6
7	CRH2 动车组制动系统的工作原理	1.2.3 1.4.4	1. 了解 CRH2 制动系统概述、电制动统、空气制动系统、防滑装置； 2. 掌握 CRH2 型车的风路图	1. CRH2 制动系统概述； 2. 电制动统； 3. 空气制动系统； 4. 防滑装置	过程与期终考核	6
8	CRH3 动车组制动系统的原理	1.2.3 1.4.4	1. 了解 CRH3 制动系统概述、电制动统、空气制动系统、防滑装置； 2. 掌握 CRH3 型车的风路图	1. CRH3 制动系统概述； 2. 电制动统； 3. 空气制动系统； 4. 防滑装置	过程与期终考核	6
9	CRH1 动车组制动系统	1.2.3 1.4.4	了解 CRH1 制动系统概述、电制动统、空气制动系统、防滑装置	1. CRH1 制动系统概述； 2. 电制动统； 3. 空气制动系统； 4. 防滑装置	过程与期终考核	2
10	CRH5 动车组制动系统	1.2.3 1.4.4	了解 CRH5 制动系统概述、电制动统、空气制动系统、防滑装置	1. CRH5 制动系统概述； 2. 电制动统； 3. 空气制动系统； 4. 防滑装置	过程与期终考核	4
11	制动系统的检修	1.2.3 1.4.4	掌握检查制动盘、制动软管、更换闸片、基础制动装置处理方法	1. 检查制动盘； 2. 制动软管检修； 3. 更换闸片； 4. 基础制动装置检修	软件操作考核	6
12	制动系统的应急故障处理	1.2.3 1.4.4	1. 清楚制动控制装置故障有哪些； 2. 掌握制动力不足、主压缩机故障、辅助压缩机不工作的故障处理方法	1. 制动控制装置故障； 2. 制动力不足； 3. 主压缩机故障； 4. 辅助压缩机不工作	软件操作考核	6

3.5.6 教学实施

1. 教学建议

重视实践教学环节，按工作任务或项目组织教学，精选学习项目和真实训练项目，把握本课程的知识点和技能点。采用精讲多练的教学方法，立足于培养学生的综合职业能力、严谨的工作作风和良好的职业素养。

2. 教材选用与编写

教材选取的原则：新颖、全面。

推荐教材：胡准庆主编，北京交通大学出版社《动车组制动系统》。

参考的教学资料：王明月主编，中国铁道出版社《动车组制动技术》。

3. 教学资源

（1）完整的教案、讲稿，配套的课程 PPT。

（2）具有完善的实验、实训设备，能完成所有课程相关的实践教学。

（3）有中央财政建设的专业实训基地，能满足专业教学与实践活动的开展。

（4）理论教学应注重讲、练结合，应该将概念讲解、实例演示有机结合，同时，尽可能为学生提供练习的机会，提高教学效果。

（5）将教学、考核、反馈等教学过程有机地结合起来，边教学，边进行考核，将过程考核纳入整个考核过程中来，并及时反馈学生的学习效果，因此，在课堂上适当地进行形式多样的考核，并及时讲评，有利于提高教学质量。

（6）应发挥学生的主观能动性，提高学生的学习主动性，教师可将一些简单的内容分配给学生，要求他们以组为单位完成预习、实践，甚至上台给其他组进行讲解，并能回答其他同学的提问，最后由教师给予全面总结。

（7）结合动车段、动车运用所的一些原理视频和检修视频、以工艺文件展开教学，多提问、多讨论，激发学生强烈的学习兴趣。

3.5.7 训练项目设计

本课程训练项目应包括供风系统现场教学、制动控制装置现场教学、基础制动装置、制动系统检修、制动系统的检修及故障处理等基本操作，学校应根据产业特点、就业岗位和国内外合作企业，参照下列训练项目示例合理设计训练项目。

1. 训练项目示例一：供风系统现场教学

1）项目描述

学生通过对实训设备的观察和拆装，对供风系统的组成及工作原理都有一个完整的认知，特别对空气压缩机，空气干燥器等较为抽象的设备有更直观的认识，通过教师提问，学生回答的方式进行考核。

2）训练要求

通过现场教学，使学生能全面掌握组成供风系统的各种装置，如空气压缩机，空气干燥器，安全阀等设备的工作原理。

2. 训练项目示例二：制动控制装置现场教学

1）项目描述

本项目主要针对制动控制装置的各部件，让学生对各个部件进行拆装，理论联系实际，对部件内部的组成和工作原理都有一个直观的认知。

2）训练要求

通过现场教学，使学生能全面掌握组成制动控制系统的各种装置，让学生对制动控制装置的组成和工作原理有一个较为直观的认识；对 EP 阀、中继阀、调压阀、电磁阀、空重车调整阀、增压缸、制动缸之间的相互关系有更为深刻的认识。

3. 训练项目示例三：基础制动装置

1）项目描述

本项目主要针对基础制动装置的各部件，让学生对各个部件进行拆装，理论联系实际，对部件内部的组成和工作原理都有一个直观的认知。

2）训练要求

通过现场教学，使学生能全面掌握组成基础制动的各种装置，让学生对制动控制装置的组成和工作原理有一个较为直观的认识，制动闸瓦，制动闸片，制动盘之间存在的相互关系有更为深刻的认识。

4. 训练项目示例四：制动系统检修

1）项目描述

依托动车组模拟仿真系统的检修单元，对与制动相关的项目进行现场操作练习，特别对制动盘、制动软管检修、更换闸片、基础制动装置等进行检修。

2）训练要求

以前面的理论讲解为基础，结合动车组模拟仿真系统，要求学生掌握制动盘、制动软管检修、更换闸片、基础制动装置等进行检修，学生练习完后进行操作考核。

5. 训练项目示例五：制动系统的检修及故障处理

1）项目描述

依托动车组模拟仿真系统的应急故障处理单元，对与制动相关的项目进行现场操作练习，特别针对制动控制装置故障、制动力不足、主压缩机故障、辅助压缩机不工作等项目进行练习。

2）训练要求

以前面的理论讲解为基础，结合动车组模拟仿真系统，要求学生了解动车组在运行过程中出现的应急故障，特别是对上述谈到的项目进行练习，练习结束后，进行操作考核。

3.5.8 课程考核

1. 考核内容

本课程考核内容包括理论部分考核、实践部分考核和平时成绩考核三部分，理论部分考核为笔试，实践部分考核为现场操作和软件操作考核，平时成绩考核为平时作业、考勤和回答问题等。

2. 成绩评定

序号	名称		考核比例
1	考试成绩	期末考试	50%
	作业成绩		10%
	实践考核	软件操作	10%
	小计		70%
2	教师在教学过程中，对学生的课堂表现、问题回答、实践表现进行考核		30%
总评			100%

3. 评分要点与评分标准

序号	教学单元	考核的知识点及要求	成绩比例（%）
1	动车组制动系统的概述	1. 制动机的意义； 2. 制动机的相关概念； 3. 制动机的发展； 4. 动车组制动系统的组成和特点	5
2	动车组电制动系统	1. 电制动的工作原理； 2. 直流电动机电气制动工作原理； 3. 感应电动机电气制动工作原理	5
3	压缩空气供给系统	1. 空气压缩机的主要形式，不同型号空气压缩机工作原理； 2. 压力控制器的型号及工作原理； 3. 空气干燥组成、结构及工作原理； 4. 安全阀和风缸的作用	10
4	空气制动控制装置	1. 制动控制系统组成和作用； 2. 空气制动控制装置的控制流程； 3. EP 阀的作用与工作原理； 4. 中继阀的作用与工作原理； 5. 调压阀的作用； 6. 空重车调整阀的作用	20
5	基础制动装置	1. 基础制动装置组成； 2. 闸瓦、制动盘的材料； 3. 制动倍率、传动效率的计算	10

续表

序号	教学单元	考核的知识点及要求	成绩比例（%）
6	滑行的检测和防滑装置	1. 滑行的危害； 2. 黏着、滑行的概念； 3. 防滑器的作用原理； 4. 滑行检测的方法和原理	10
7	CRH2 动车组制动系统	1. CRH2 动车组制动系统的概述； 2. CRH2 动车组制动系统的特点； 3. CRH2 动车组制动系统气路图	5
8	CRH3 动车组制动系统	1. CRH3 动车组制动系统的概述； 2. CRH3 动车组制动系统的特点； 3. CRH3 动车组制动系统气路图	5
9	CRH1 动车组制动系统	1. CRH1 动车组制动系统的概述； 2. CRH1 动车组制动系统的特点； 3. CRH1 动车组制动系统气路图	5
10	CRH5 动车组制动系统	1. CRH5 动车组制动系统的概述； 2. CRH5 动车组制动系统的特点； 3. CRH5 动车组制动系统气路图	5
11	制动系统的检修	1. 检查制动盘的注意事项； 2. 闸片更换的条件； 3. 闸片更换的流程； 4. 基础制动装置检修顺序和要求； 5. 制动软管检修要求	10
12	制动系统的应急故障处理	1. 制动不足的处理方法； 2. 主压缩机故障的处理方法； 3. 辅助压缩机不工作的处理方法； 4. 制动控制装置故障的处理方法	10
	总　计		100

3.6 动车组网络控制系统调试与维护

3.6.1 课程概述

（1）课程名称：动车组网络控制系统调试与维护。

（2）课程性质：专业核心课。

（3）参考学时：60 学时。

（4）参考学分：3 学分。

3.6.2 课程性质和任务

本课程是动车组检修技术专业的核心课程，该课程为必修课。其任务是：使学生掌握数据通信技术的相关术语，掌握网络通信基本原理，了解列车网络概念、作用与功能，掌握TCN列车通信网络拓扑其组成，能正确分析CRH系列动车组拓扑结构，进行车辆的联调联试等相关知识，旨在培养学生运用网络知识进行动车组网络信息系统的调试，掌握列车静态调试与动态调试的方法、流程及具体操作技能。课程培养学生资料收集整理、分析检查判断、沟通协调、安全与自我保护等能力，使学生具有较好的综合素质，把学生培养成能独当一面，全面发展、具有可持续发展能力，具有国际公认优秀素质，能参与未来的国际合作与竞争，能适应国际化的、智能化、综合化的列车检修工作的需要的人。

3.6.3 课程目标

1. 知识目标

（1）掌握数据通信基础的相关概念。
（2）了解网络互联参考模型。
（3）掌握串行通信接口技术。
（4）掌握列车网络的概念及作用。
（5）掌握TCN通信网络拓扑结构。
（6）掌握中华人民共和国铁道行业标准（TB）总线的相关知识。
（7）掌握MVB总线的相关知识。
（8）掌握车载信息装置的系统组成及原理。
（9）掌握信息装置系统的主要功能。
（10）掌握CRH系列动车组拓扑结构。
（11）掌握欧洲之星重联标准（UIC556）。
（12）掌握日本新干线列车的arcnet环网和梯形网络。

2. 能力目标

（1）能对国内外主流动车组网络信息系统的拓扑结构及原理进行分析。
（2）能对国内外主流动车组网络信息系统功能进行检查和调试。
（3）能编制实验/调试工艺文件。
（4）能对国内外主流动车组网络信息系统的简单故障进行应急处理。
（5）能对国内外主流动车组网络信息系统进行运行管理和维护。
（6）能进行动车组静态调试与动态调试。

3. 素质目标

（1）培养学生团队合作能力。
（2）培养学生资料收集整理能力。

（3）培养学生制定、实施工作计划的能力。
（4）培养学生自主学习能力。
（5）培养学生独立思考及解决问题的能力。
（6）培养学生交流沟通能力。
（7）培养学生组织协调能力。
（8）培养学生责任心与职业道德。
（9）培养学生跨境售后服务的能力。

3.6.4 课程设计思路

根据职业能力标准，以重点职业能力为依据确定课程目标，依据职业能力整合所需的相关知识和技能，设计课程内容，以工作任务为载体构建“能力递进”课程。

课程结构以就业岗位对就业人员知识、技能的需求取向，通过小型局域网的组建与调试、动车组通信网络（TCN）的调试、动车组信息装置的使用与维护、动车组静调与动调等活动，构建列车网络系统结构组成、系统功能、工作原理、维护保养、故障处理、调试等知识结构和能力结构，形成相应的职业能力。

课程主要内容为列车通信网络标准 IEC61375-l（简称 TCN 标准）、列车通信协议标准 IEEE1473-1999 的分支 IEEE1473-L 标准（即 LonWorks 网络标准）、IEC61158-type7 国际标准（即 WorldFIP 总线，同时也是欧洲现场总线标准 EN50170-3）、美国国家标准 ANSI/ATA-878.1（即 ARCNET 网络）、IS011898 国际标准（即 CAN 总线标准）、中国列车通信网络标准［中华人民共和国铁道行业标准（TB/T 3035—2002）］中的知识点和操作要求。

3.6.5 课程教学设计

根据职业岗位对动车组网络信息系统的调试与维护要求，以及学生由易到难循序渐进的认知规律，将本课程的教学内容分解为四个学习情境。

<table>
<tr><th colspan="2">学习情境</th><th rowspan="2">职业能力</th><th rowspan="2">子任务</th><th rowspan="2" colspan="2">参考学时</th></tr>
<tr><th>情境名称</th><th>主要教学知识点</th></tr>
<tr><td rowspan="6">S4-1 小型局域网的组建与调试</td><td rowspan="6">1. 网络的基本概念；
2. 网络通信的方式；
3. 数据交换技术；
4. 数据编码与差错控制；
5. 拓扑结构；
6. 网络七层参考模型；
7. 介质访问控制方式；
8. 小型局域网组成及硬件设备</td><td rowspan="6">1.3.4
1.4.1
1.4.2
1.4.3
1.4.4</td><td>1.1 看网</td><td rowspan="2">2</td><td rowspan="6">16</td></tr>
<tr><td>1.2 用网</td></tr>
<tr><td>1.3 组网</td><td>4</td></tr>
<tr><td>1.4 调网</td><td>4</td></tr>
<tr><td>1.5 网络拓扑结构图的绘制</td><td>2</td></tr>
<tr><td>1.6 局域网硬件设备的应用</td><td>4</td></tr>
</table>

续表

学习情境		职业能力	子任务	参考学时	
情境名称	主要教学知识点				
S4-2 动车组通信网络（TCN）的调试	1. TCN 拓扑结构； 2. MVB 通信波形测量； 3. MVB 通信端口配置； 4. MVB 数据流组织； 5. W 中华人民共和国铁道行业标准（TB）通信波形测量； 6. W 中华人民共和国铁道行业标准（TB）数据流组织； 7. 列车重联控制； 8. MVB-CAN 通信转换； 9. MVB-RS232/RS485 通信转换； 10. CRH 系列动车组网络拓扑分析； 11. 欧洲之星重联标准（UIC556）； 12. 日本新干线列车的 arcnet 环网和梯形网络； 13. 列车控制网络与 Internet	1.3.4 2.1.3	2.1 车辆总线 MVB 功能调试	4	14
			2.2 列车总线 W 中华人民共和国铁道行业标准（TB）功能调试	4	
			2.3 设备控制功能调试	2	
			2.4 列车控制功能调试	2	
S4-3 动车组信息装置的使用与维护	1. 车载信息装置的系统组成及原理； 2. 信息装置系统的主要功能； 3. 显示模式及硬件切换方法； 4. 信息装置的初期设定； 5. 车载信息装置 3 种模式下的具体操作方法； 6. 车载信息装置的日常维护	1.4.1 1.4.2 1.4.3 1.4.4 2.1.1 2.1.3	3.1 车载信息装置的初期设定	2	14
			3.2 车载信息装置一般模式下的操作	4	
			3.3 车载信息装置检修模式下的操作	4	
			3.4 车载信息装置诊断模式下的操作	2	
			3.5 车载信息装置的日常维护	2	
S4-4 动车组静调与动调	1. 静调的概念； 2. 动调的概念； 3. 网络拓扑结构的观察； 4. 牵引功能调试； 5. 车门控制调试； 6. 制动功能调试； 7. 空调单元调试	1.2.4 1.2.5 1.3.4 3.3.1 3.3.2 3.4.1 3.4.2	4.1 网络拓扑结构的观察	2	16
			4.2 牵引功能调试	4	
			4.3 车门控制调试	4	
			4.4 制动功能调试	4	
			4.5 空调单元调试	2	
				60	
合计				100	

3.6.6 教学实施

1. 教学建议

重视实践教学环节，切实培养学生网络调试能力，按工作任务或项目组织教学，精选学习项目和真实训练项目把握本课程的知识点和技能点。采用理实一体的教学方法，立足于培养学生的综合职业能力、严谨的工作作风和良好的职业素养。

2. 教材选用与编写

教材选取的原则：新颖、全面、通俗、简单。

推荐教材：陶艳主编，中国电力出版社《列车网络控制技术原理与应用》；倪文波、王雪梅主编，西南交大出版社《高速列车网络与控制技术》。

参考的教学资料：电子工业出版社《列车微机与网络控制技术及应用》。

3. 教学资源

（1）有完整的教案、讲稿，配套的课程 PPT。

（2）有完善的实验、实训设备，能完成所有课程相关的实践教学。

（3）有中央财政建设的专业实训基地，能满足专业教学与实践活动的开展。

（4）有丰富的列车网络相关教学参考书。

（5）有动车所静调和动调的相关手册文件及视频。

3.6.7 训练项目设计

本课程包括小型局域网的组建与调试、动车组通信网络（TCN）的调试、动车组信息装置的使用与维护、动车组静调与动调等四个训练项目。

1. 训练项目示例一：小型局域网的组建与调试

1）项目描述

组建一个不超过 15 人的小型局域网，要求能实现资源共享及网络互联互通。

2）训练要求

分小组动手制作网线，组建小型局域网，进行连通性测试，进行资源共享，并将过程用手机记录下来，形成电子实训手册。

2. 训练项目示例二：动车组通信网络（TCN）的调试

1）项目描述

针对中华人民共和国铁道行业标准（TB）、MVB 的工作原理进行详细说明，掌握 TCN 的拓扑结构，了解列车控制网络与 Internet，掌握中华人民共和国铁道行业标准（TB）、MVB 的波形测试方法。能绘出 CRH 系列动车组、欧洲之星动车组、日本新干线系列动车组的网络拓扑结构图。

2）训练要求

对本情境所学所有内容进行答辩，考查学生对知识的掌握情况，其中，W 中华人民共和国铁道行业标准（TB）、MVB 的波形测试方法必考，且必须详细说明各数据的结构及含义。能手绘 CRH 系列动车组、欧洲之星动车组、日本新干线系列动车组的网络拓扑结构图。

3. 训练项目示例三：动车组信息装置的使用与维护

1）项目描述

通过模拟操纵软件与驾驶台让学生全面掌握车载信息装置的系统组成及原理，掌握车载信息装置的显示模式及切换方法。

2）训练要求

让学生通过实际演练，全面掌握车载信息装置的系统组成及原理，熟悉信息装置系统的功能，掌握车载信息装置的显示模式及切换方法，并通过操作软件分析讲解车载信息装置 3 种模式下的具体操作方法。

4. 训练项目示例四：动车组静调与动调

1）项目描述

针对 CRH2 型车的静态调试与动态调试的方法进行全面讲解，并通过软件进行牵引功能、车门功能、制动功能、空调功能等的调试，通过软件考试系统进行直接考核。

2）训练要求

学生了解静调、动调的概念，掌握静调、动调的调试步骤，掌握对牵引、车门、制动、空调等各部件的调试方法，通过软件考试系统进行直接考核。

3.6.8 课程考核

学习情境序号	考核点	建议考核方式	评价标准			成绩比例（%）
			优（90 分）	良（75 分）	及格（60 分）	
S4-1	1. 认识各种网络通信硬件设备，能够说明其作用及适用场合	小组汇报现场口试答辩	7 个考核点合格	6 个考核点合格	5 个考核点合格	25
	2. 会分析和绘制网络拓扑结构图					
	3. 认识各种网络通信接口并会使用					
	4. 会制作两种不同类型的网线					
	5. 会进行局域网络的设置					
	6. 会进行局域网络的连通性测试					
	7. 能熟记局域网组建中相关的施工规范与安全操作规程					

续表

学习情境序号	考核点	建议考核方式	评价标准			成绩比例（%）
			优（90 分）	良（75 分）	及格（60 分）	
S4-2	1. 能画出 CRH2 和 CRH5 的 TCMS 网络拓扑结构图	小组汇报现场口试答辩	6 个考核点合格	5 个考核点合格	4 个考核点合格	30
	2. 能绘出欧洲之星动车组、日本新干线系列动车组的网络拓扑结构图					
	3. 能进行 TCMS 的可靠性何时实行分析					
	4. 能进行 MVB 总线的功能调试					
	5. 能进行 MVB 和 CAN、RS232/RS485 的通信转换					
	6. 能进行 W 中华人民共和国铁道行业标准（TB）总线的功能调试					
	7. 能进行列车控制的功能调试					
S4-3	1. 能说明信息装置的功能及组成	小组汇报现场口试答辩	6 个考核点合格	5 个考核点合格	4 个考核点合格	25
	2. 能说明信息装置的三种显示模式并进行硬件切换					
	3. 能进行车辆信息控制装置的初期设定					
	4. 能在一般模式下对“司机”“列车员”及“记录”菜单进行相应的操作					
	5. 能在检修模式下进行车上 7 个主要功能的检查和试验					
	6. 能在诊断模式下进行 Mon 诊断试验操作					
	7. 能对信息系统进行日常的维护					
S4-4	1. 网络拓扑结构的观察	小组汇报现场口试答辩	5 个考核点合格	4 个考核点合格	3 个考核点合格	20
	2. 牵引功能调试					
	3. 车门控制调试					
	4. 制动功能调试					
	5. 空调单元调试					
合　计						100

3.7 动车组运行控制系统

3.7.1 课程概述

（1）课程名称：动车组运行控制系统。
（2）课程性质：专业核心课。
（3）参考学时：70 学时。
（4）参考学分：3.5 学分。

3.7.2 课程性质和任务

本课程是动车组检修技术专业的核心课程，是必修课。其任务是：使学生掌握列车运行控制系统的基本结构、原理、控制模式，掌握动车组司机、随车机械师一次乘务标准作业流程及故障处理等专业能力，具备资料收集整理、制定实施工作计划、分析检查判断、沟通协调、安全与自我保护等综合素质和能力，树立良好的职业道德与责任心。能培养学生跨区域、跨国界沟通、协调能力，学生应具备较强的外语听说能力，按司机、动车组随车机械师作业标准，随时与调度、车站值班员实施车机联控，具备跨区域安全与自我保护等综合素质和能力，具备发生故障时严格按应急方案处理故障的能力。

3.7.3 课程目标

1. 知识目标

（1）CRH 系列动车组司机室整体布局与设备操纵。
（2）MON。
（3）CIR。
（4）DMI。
（5）联锁与闭塞。
（6）轨道电路。
（7）应答器。
（8）世界各国列车控制系统 U/T、LZB、ATC、ETCS。
（9）我国列车控制系统 CTCS。
（10）ATP 工作模式。
（11）动车组随车机械师标准作业。
（12）动车组司机一次乘务标准化作业。
（13）动车组设备、天气、线路、接触网类故障非正常行车与应急故障处理。

2. 能力目标

（1）运行交路认知能力。
（2）电气化区段安全操作能力。
（3）动车组整备检查能力。
（4）铁路信号识别能力。
（5）动车组乘务员呼唤应答标准用语能力。
（6）列车安全操纵能力。
（7）随车时监控动车组运行技术状态能力。
（8）随车时管理和操作动车组车内设备能力。
（9）随车时应急故障处理能力。
（10）随车时根据停车状态开关车门。
（11）交接工作规范能力。
（12）动车组非正常行车处理能力。

3. 素质目标

（1）获取信息的能力。
（2）资料收集整理能力。
（3）制定、实施工作计划的能力。
（4）工艺文件理解能力。
（5）检查、判断能力。
（6）沟通协调能力。
（7）语言表达能力。
（8）安全与自我保护能力。
（9）责任心与职业道德。

3.7.4 课程设计思路

根据职业能力标准，以重点职业能力为依据确定课程目标，依据职业能力整合所需相关知识和技能，设计课程内容，以工作任务为载体构建“能力递进”课程。

课程结构以就业岗位对就业人员知识、技能的需求取向，通过司机室设备操纵、ATP 工作模式转换、一次乘务标准化作业、动车组应急故障处理等活动，构建列车运行控制系统结构组成、工作原理、故障处理、司机室设备操作、司机一次乘务标准作业流程和非正常行车情况的处理流程与标准等知识结构和能力结构，形成相应的职业能力。

课程主要内容为动车组司机出乘一次标准作业、随车机械师一次标准作业、动车组非正常行车标准、动车组故障处理标准、铁道行业标准［中华人民共和国铁道行业标准（TB）］中的知识点和操作要求。

3.7.5 课程教学设计

序号	学习任务	职业能力	知识、技能、态度要求	教学活动设计	评价	学时
1	动车组司机室设备的操纵	1.1.1 1.2.4 1.2.5	1. 掌握各型动车组司机室整体布局； 2. 熟悉各型动车组司机室按键、开关、指示灯含义； 3. 熟悉 CRH2、CRH3 型动车组操纵方法； 4. 熟悉动车组模拟仿真软件与模拟驾驶台的操纵方法	通过角色扮演乘务员操纵动车组司机室设备这一学习情境，使学生了解动车组各型司机室的整体布局，重点掌握 CRH2 型动车组司机室正面、侧面、背面设备的特点、功能和操作，能够按照规章正确操纵动车组	PPT 汇报	16
2	动车组列车控制系统的操纵	1.3.1 1.3.2 1.3.3 1.3.4 1.4.5	1. 掌握闭塞与联锁的定义与特点； 2. 掌握世界各国列控系统的特点； 3. 掌握 CTCS 地面设备结构组成与功能； 4. 掌握 CTCS 车载设备结构组成与功能； 5. 掌握 ATP 工作模式转换条件	通过角色扮演乘务员操纵动车组进行驾驶过程中 DMI、LKJ2000 等列车控制系统设备的变化这一学习情境，了解世界各国列控系统分类、我国 CTCS 的分级与特点、ATP 的各种工作模式与转换条件、语音提示触发时机与处理方法	答辩	24
3	动车组一次乘务标准化作业的操纵	1.1.1 1.1.2 1.1.3 1.1.4 1.2.5	1. 掌握动车组司机一次化作业标准； 2. 掌握动车组随车机械师一次化作业标准； 3. 能严格按照规章要求完成对动车组的操纵	通过角色扮演乘务员操纵动车组进行正线运行作业设计这一学习情境，使学生能够具备按规章和安全操作规范操纵动车组牵引列车从整备、出库、正线途中、入库等一次化标准作业全部工况进行各项作业的能力，掌握动车组作业安全和各种情况下列车的操纵注意事项，掌握动车组随车机械师出勤、出所发车、途中运行、调车转线及车站接车、终到及中间站换班、入所退勤的能力，使学生掌握相关的动车组行车组织基本规章和安全操作规范	现场演练	14
4	动车组非正常行车的操纵	1.4.1 1.4.2 1.4.3 1.4.4	1. 掌握动车组在恶劣天气下的行车预案； 2. 掌握动车组在线路故障情况下的行车预案； 3. 掌握动车组接触网故障情况下的行车预案； 4. 掌握动车组设备发生故障情况下的行车预案； 5. 掌握动车组救援方法	通过角色扮演乘务员和随车机械师操纵动车组进行运行中遇到各种特殊情况时非正常行车作业设计这一学习情境，使学生能够具备按规章和安全操作规范操纵动车组，掌握动车组非正常行车组织与实施、特殊情况下的非正常行车办法	软件考核	16

3.7.6 教学实施

1. 教学建议

重视实践教学环节，按工作任务或项目组织教学，精选学习项目和真实训练项目把握本课程的知识点和技能点。采用精讲多练的教学方法，立足于培养学生的综合职业能力、严谨的工作作风和良好的职业素养。

2. 教材选用与编写

教材选取的原则：权威、全面。

推荐教材：张欣欣主编，北京交通大学出版社《动车组运行控制系统》。

参考的教学资料：张中央主编，西南交通大学出版社《动车组操纵与安全》。

3. 教学资源

（1）完整的教案、讲稿，配套的课程 PPT。

（2）具有完善的实验、实训设备，能完成所有课程相关的实践教学。

（3）有中央财政建设的专业实训基地，能满足专业教学与实践活动的开展。

（4）本课程采用空间教学法，需让学生提前确认都有可以使用的空间账号。

（5）作业都通过空间来完成，相关学习资料，视频都已经上传到教师空间，学生可以在任何时间，任何地点，通过网络、手机等任何手段上网进行自主学习。

（6）学生可以通过空间，QQ 等各种方式对自学的问题进行提问，教师可以通过信息化的方式解答疑问，也可以在课堂集中解答疑惑。

（7）课程讲解中大量运用了现有的实训设备，如模拟驾驶台、模拟仿真软件等，注重讲、练结合，全面提高教学质量。

（8）课程考核根据情境不同分别采取了 PPT 小组汇报、答辩、呼唤应答实操和模拟软件考核等不同的方式，每一个情境的考核结束后，立即通过空间课堂反馈，使学生及时得知考核结果，能更主动地开展后续课程的学习，提高了学生学习积极性。

（9）课程强调学生综合素质的培养和日常良好学习习惯的养成，每次上课前会随机对以前所学知识进行提问，对学生提问、练习、作业、卫生打扫等情况进行全面评价。

3.7.7 训练项目设计

本课程训练项目应包括司机室设备操纵、ATP 工作模式转换、一次乘务标准化作业、动车组应急故障处理等基本操作，学校应根据产业特点、就业岗位和国内外合作企业，参照下列训练项目示例合理设计训练项目。

1. 训练项目示例一：司机室设备操纵

1）项目描述

分组制作 CRH 系列动车组司机室并进行现场汇报，教师提问，学生回答的方式进行考核。再到动车组模拟驾驶实训室进行 CRH2、CRH3 型动车组操纵台的现场教学。

2）训练要求

通过制作 PPT 与汇报，让学生全面掌握各型动车组司机室布局、主要设备使用、操纵指示灯的含义，全面掌握知识点。

2. 训练项目示例二：ATP 工作模式转换

1）项目描述

针对 ATP 常用工作模式特点及转换进行详细说明，全面掌握闭塞、联锁、世界其他国家列控系统、我国列控系统的特点，采用个人单独进行答辩的方法组织考核。

2）训练要求

对第二情境所学所有内容进行答辩，考查学生对知识的掌握情况，其中，ATP 工作模式为必考内容，且必须详细说明各模式进入条件、特点、转出条件。

3. 训练项目示例三：一次乘务标准化作业

1）项目描述

通过模拟操纵软件与驾驶台让学生现场演练动车组司机、随车机械师从备班到交班所有过程，对于关键环节，采用手比口呼的呼唤应答标准进行。考核则通过小组分环节进行实际手比的方式进行。

2）训练要求

让学生通过实际演练，全面掌握动车组司机、随车机械师一次乘务作业的标准与流程，严格按标准执行。并通过视频讲解的方式了解动车组司机、随车机械师的一次乘务出乘作业标准。

4. 训练项目示例四：动车组非正常行车

1）项目描述

针对不同类型的故障处理方法与流程进行全面讲解，并通过软件进行实际上机练习，考试则通过软件考试系统进行直接考核。

2）训练要求

讲解完各类非正常情况下司机和随车机械师的处理方法与标准流程后，学生上机模拟驾驶与应急故障处理，完成软件设置的所有学习任务，学习结束的时候，教师通过考试系统发布任意设置的故障，通过软件考核学生对知识点的掌握情况。

3.7.8 课程考核

序号	考核点	建议考核方式	评价标准			成绩比例（%）
			优（90分）	良（75分）	及格（60分）	
1	1. 能够描述CRH1型动车组司机室主要设备布局、功能 2. 能够描述CRH3型动车组司机室主要设备布局、功能 3. 能够描述CRH5型动车组司机室主要设备布局、功能 4. 能够描述CRH2型动车组司机室各开关布置及操作 5. 能够描述MON信息屏界面分类、显示内容的操作 6. 能描述CIR显示屏界面并读取调度命令 7. 能够描述CRH2型动车组司机室显示灯及含义	PPT制作 小组汇报 现场口试	7个考核点合格	6个考核点合格	5个考核点合格	15
2	1. 能描述世界各国列车控制系统的分类及特点 2. 能准确描述固定、准移动、虚拟和移动闭塞的特点 3. 能说明CTCS列控系统分类、构成及功能 4. 能准确描述ATP设备和工作模式特点及转换条件 5. 能熟悉DMI信息屏的显示及操作 6. 能熟悉LKJ2000屏的显示及操作 7. 能够根据各显示屏的提示进行正常操纵运行	答辩	7个考核点合格	6个考核点合格	5个考核点合格	35
3	1. 能够说出动车组各类运行情况对应铁路信号的种类和意义 2. 能够说出机车乘务员相关呼唤应答标准用语 3. 能掌握动车组司机标准化作业程序 4. 能掌握库内接发车作业过程作业标准 5. 能说出操纵动车组平稳起动列车的操纵注意事项	模拟操纵 现场考核呼唤应答	9个考核点合格	8个考核点合格	7个考核点合格	15

续表

序号	考核点	建议考核方式	评价标准			成绩比例（%）
			优（90分）	良（75分）	及格（60分）	
3	6. 能掌握动车组途中运行作业过程标准					
	7. 能掌握动车组途中运行终到站、入库及退勤作业过程标准					
	8. 能掌握相关的行车组织基本规章和安全操作规范					
	9. 能进行自我防护					
4	1. 能够说出各种非正常情况下相关呼唤应答标准用语	软件测试	9个考核点合格	8个考核点合格	6个考核点合格	15
	2. 能按照列车操纵示意图操纵列车在不同坡道、曲线、隧道上进行牵引运行					
	3. 能掌握动车组电气化非正常情况行车预案					
	4. 能掌握动车组故障救援处理预案					
	5. 能掌握动车组恶劣天气运行预案					
	6. 能掌握动车组特定情况下的作业顺序					
	7. 能掌握动车组的连挂、解编过分相等特殊的操作					
	8. 能掌握动车组 2 h 内的机车救援连接处理办法					
	9. 掌握非正常行车时的动车组防护方法					
5	平时成绩					20
合　计						100

3.8 动车组辅助设备的操纵与维护

3.8.1 课程概述

（1）课程名称：动车组辅助设备的操纵与维护。

（2）课程性质：专业核心课。

（3）参考学时：84 学时。
（4）参考学分：4 学分。

3.8.2 课程性质和任务

本课程是动车组检修技术专业的核心课程，是必修课。其任务是：使学生掌握动车组辅助供电系统的组成、作用及其工作原理；空调系统的结构、组成、作用及其工作原理；给水卫生系统的分布、组成及其工作原理；门窗、座椅的布置、结构、使用方法及其工作原理；车内电气设备的分布、作用及其工作原理；熟知动车组辅助设备的日常维护和检修；了解动车组辅助设备常见故障的分析方法。学生能够根据要求和工作程序，编制工艺文件，进行项目的组织与实施。课程培养学生制定工作实施计划、分析故障原因、判断故障类型、检查故障位置的能力，同时培养学生自我拓展学习、服从安排、安全规范操作、良好沟通组织、心理素质、应急等综合素养的能力。把学生培养为具有过硬的专业能力、良好职业道德、责任心及可持续发展的人。

3.8.3 课程目标

1. 知识目标

（1）动车组辅助供电系统的结构组成、作用、工作原理的认知能力及对其进行检查和维护的能力。
（2）动车组空调系统的结构、作用、工作原理的认知能力及对其进行检查和维护的能力。
（3）动车组给水卫生系统的分布、组成、工作原理的认知能力及对其进行检查和维护的能力。
（4）动车组的门窗、座椅的布置、结构、操作、原理的认知能力及对其进行检查和维护的能力。
（5）动车组车内电气设备的分布、作用、操作、原理的认知能力及对其进行检查和维护的能力。
（6）动车组辅助设备常见故障的应急处理能力。

2. 能力目标

（1）资料收集整理能力。
（2）理论知识的运用能力。
（3）具备一定的绘图与识图能力。
（4）制定、实施工作计划能力。
（5）独立检查、判断能力。
（6）正确使用检修工具能力。
（7）设备故障的检查分析处理能力。
（8）具有阅读技术资料、自我拓展学习能力。

3. 素质目标

（1）沟通协调能力。
（2）语言表达能力。
（3）团队组织能力。
（4）责任心与职业道德。
（5）安全与自我保护能力。
（6）检查与维护工作流程确认能力。
（7）面对突发事件的应急处理能力。

3.8.4 课程设计思路

根据职业能力标准，以重点职业能力为依据确定课程目标，依据职业能力整合所需相关知识和技能，设计课程内容，以工作任务为载体构建“能力递进”课程。

课程结构以就业岗位对就业人员知识、技能的需求取向，通过动车组辅助供电系统的检查维护、动车组空调系统的检查与维护、动车组给水卫生系统的检查与维护、动车组门窗与座椅的使用与维护、动车组车内电气设备的检查与维护等活动，构建列车辅助设备的系统结构组成、工作原理、维护保养、故障处理等知识结构和能力结构，形成相应的职业能力。

课程主要内容为车辆电工职业技能标准、动车组应急故障处理标准、铁道行业标准［中华人民共和国铁道行业标准（TB）］、动车组检修工艺流程与标准中的知识点和操作要求。

3.8.5 课程教学设计

序号	学习任务	职业能力	知识、技能、态度要求	教学活动设计	评价	学时
1	辅助供电系统的结构组成、作用、工作原理的认知能力及对其进行检查和维护的能力	1.2.1 1.3.5 2.2.1 3.1.2	1. 掌握任务书、图纸资料、检修工艺文件的阅读方法； 2. 掌握辅助供电系统结构组成、作用、特点、工作原理等； 3. 掌握检修仪器仪表、工装的步骤及使用方法； 4. 掌握按照任务书完成设备的维护与检修的方法； 5. 掌握维护与检修报告的撰写	1. 接受辅助供电系统检查与维护任务，阅读任务书、课件及检修工艺文件等； 2. 设备专项作业分析与处理（如辅助变流器检查）； 3. 设备故障分析与处理（如 ACU 不工作）； 4. 撰写维护与检修报告	小组汇报 现场操作 答辩	16

续表

序号	学习任务	职业能力	知识、技能、态度要求	教学活动设计	评价	学时
2	空调系统的结构、作用、工作原理的认知能力及对其进行检查和维护的能力	1.2.1 1.3.5 2.2.1 3.1.2	1. 掌握任务书、图纸资料、检修工艺文件的阅读方法； 2. 掌握空调系统结构、作用、分类、工作原理等； 3. 掌握检修仪器仪表、工装的步骤及使用方法； 4. 掌握按照任务书完成设备的维护与检修的方法； 5. 掌握维护与检修报告的撰写	1. 接受空调系统检查与维护任务，阅读任务书、课件及检修工艺文件等； 2. 设备专项作业分析与处理（如空调系统检测与加氟）； 3. 设备故障分析与处理（如空调系统不制冷）； 4. 撰写维护与检修报告	小组汇报 现场操作 答辩	16
3	给水卫生系统的分布、组成、工作原理的认知能力及对其进行检查和维护的能力	1.2.1 1.3.5 2.2.1 3.1.2	1. 掌握任务书、图纸资料、检修工艺文件的阅读方法； 2. 掌握给水卫生系统分布、组成、工作方式、工作原理等； 3. 掌握检修仪器仪表、工装的步骤及使用方法； 4. 掌握按照任务书完成设备的维护与检修的方法； 5. 掌握维护与检修报告的撰写	1. 接受给水卫生检查与维护任务，阅读任务书、课件及检修工艺文件等； 2. 设备专项作业分析与处理（如卫生间设施检修）； 3. 设备故障分析与处理（如卫生间便器堵塞）； 4. 撰写维护与检修报告	小组汇报 现场操作 答辩	16
4	门窗与座椅的布置、结构、操作、原理的认知能力及对其进行检查和维护的能力	1.2.1 1.3.5 2.2.1 3.1.2	1. 掌握任务书、图纸资料、检修工艺文件的阅读方法； 2. 掌握门窗与座椅的分布、组成、操作、工作原理等； 3. 掌握检修仪器仪表、工装的步骤及使用方法； 4. 掌握按照任务书完成设备的维护与检修的方法； 5. 掌握维护与检修报告的撰写	1. 接受门窗与座椅的使用与维护任务，阅读任务书、课件及检修工艺文件等； 2. 设备专项作业分析与处理（如边门检修保养）； 3. 设备故障分析与处理（如车门无法关闭）； 4. 撰写维护与检修报告	小组汇报 现场操作 答辩	20

续表

序号	学习任务	职业能力	知识、技能、态度要求	教学活动设计	评价	学时
5	车内电气设备的分布、作用、操作、原理的认知能力及对其进行检查和维护的能力	1.2.1 1.3.5 2.2.1 3.1.2	1. 掌握任务书、图纸资料、检修工艺文件的阅读方法； 2. 掌握车内电气设备（PIS、茶水炉、厨房系统等）的分布、组成、操作、工作原理等； 3. 掌握检修仪器仪表、工装的步骤及使用方法； 4. 掌握按照任务书完成设备的维护与检修的方法； 5. 掌握维护与检修报告的撰写	1. 接受车内电气设备的使用与维护任务，阅读任务书、课件及检修工艺文件等； 2. 设备专项作业分析与处理（如电茶炉检修）； 3. 设备故障分析与处理（如 PIS 故障）； 4. 撰写维护与检修报告	小组汇报 现场操作 答辩	16

3.8.6 教学实施

1. 教学建议

重视实践教学环节，按工作任务或项目组织教学，精选学习项目和真实训练项目把握本课程的知识点和技能点。采用精讲多练的教学方法，立足于培养学生的综合职业能力、严谨的工作作风和良好的职业素养。

2. 教材选用与编写

教材选取的原则：新颖、全面。

推荐教材：西南交通大学出版社《动车组辅助设备的维护与检修》。

参考的教学资料：中国铁道出版社《CRH 系列动车组典型故障案例》。

3. 教学资源

（1）完整的教案、讲稿，配套的课程 PPT。

（2）具有完善的实验、实训设备，能完成所有课程相关的实践教学。

（3）有中央财政建设的专业实训基地，能满足专业教学与实践活动的开展。

（4）为了发挥学生的主观能动性，提高学生的自我学习能力，让学生结合引导文完成对应项目的知识准备，积极参与课堂教学。

（5）理论教学应注重讲、练结合，让学生结合习题和测试题消化、巩固、检验所学的专业知识，提高教学效果。

（6）采用视听多媒体教学法，结合动车段、动车运用所的现场检修视频、工艺文件和实训设备展开教学，多提问、多讨论、多动手，激发学生的学习兴趣和提升其操作能力。

（7）在课程中注重培养学生安全操作、规范操作、服从安排、沟通协调、检查分析判断、应急能力等综合素质。

（8）每个情境采取了小组汇报、实践操作、答辩等考核方式综合评价，及时反馈学生对本情境的学习效果，让学生了解自己的不足，有目的地进行补习。

3.8.7 训练项目设计

本课程训练项目应包括动车组辅助供电系统的检查与维护、动车组空调系统的检查与维护、动车组给水卫生系统的检查与维护、动车组门窗与座椅的使用与维护、动车组车内电气设备的检查与维护等基本操作，学校应根据产业特点、就业岗位和国内外合作企业，参照下列训练项目示例合理设计训练项目。

1. 训练项目示例一：动车组辅助供电系统的检查与维护

1）项目描述

对动车组辅助供电系统的设备如辅助变流器、充电机、蓄电池进行检查和维护，以及对这些设备的故障进行分析处理，训练学生对设备进行正确的检查维护及紧急故障处理的能力，学会安全规范操作。

2）训练要求

动车组辅助变流器、充电机、蓄电池、检修工具与仪表。

2. 训练项目示例二：动车组空调系统的检查与维护

1）项目描述

对客室空调系统进行空调系统检测与加氟以及空调故障（例如不制冷的故障）分析处理，训练学生对空调系统的检查维护能力和故障处理能力，学会安全规范操作。

2）训练要求

动车组空调、制冷实验控制系统、检修工具与仪表。

3. 训练项目示例三：动车组给水卫生系统的检查与维护

1）项目描述

对动车组卫生间设施进行检查维护以及对卫生间便器堵塞故障进行分析处理，训练学生对卫生间设施的检查维护能力和故障处理能力，学会安全规范操作。

2）训练要求

动车组卫生系统、检修工具与仪表。

4. 训练项目示例四：动车组门窗与座椅的使用与维护

1）项目描述

客室边门直接影响是否能正常行车，也是故障率相对较高的设备，项目安排对客室边门进行检修保养，以及车门无法关闭的故障进行分析处理，训练学生对侧门和车窗的检查维护和突发故障的处理能力，学会安全规范操作。

2）训练要求

动车组车体、动车组车门、动车组车窗、动车组一等座座椅、动车组二等座座椅、检修工具与仪表。

5. 训练项目示例五：动车组车内电气设备的检查与维护

1）项目描述

动车组车内电气设备种类比较多，项目安排了对故障率相对较高的设备如电茶炉、厨房系统进检查维护，以及对 PIS 故障进行分析处理，训练学生对厨房系统、电茶炉的检查维护和故障处理的能力，学会安全规范操作。

2）训练要求

动车组电茶炉、厨房系统、PIS 系统、检修工具与仪表。

3.8.8 课程考核

1. 考核内容

为全面、综合地考核学生课程学习的情况，课程成绩考核由学生学习过程考核、5 个情境考核一共 6 部分组成，综合评定课程成绩。

2. 评分要点与评分标准

学习情境编号	考核点	建议考核方式	评价标准			成绩比例（%）
			优（90 分）	良（75 分）	及格（60 分）	
1	1. 能够阐述辅助供电系统的特点、结构组成及工作原理	小组汇报 现场操作 答辩	6 个考核点合格	5 个考核点合格	4 个考核点合格	15
	2. 能够阐述辅助供电系统的电压种类及其作用					
	3. 能够说出辅助供电系统的布线识图					
	4. 能够完成辅助供电系统的日常维护与检修工作					
	5、能够完成辅助供电系统的设备故障分析处理					
	6. 能够了解辅助供电系统检查与维护的安全操作规程，能进行安全作业					

续表

学习情境编号	考核点	建议考核方式	评价标准			成绩比例（%）
			优（90分）	良（75分）	及格（60分）	
2	1. 能够阐述客室空调系统的布置、结构组成及其作用	小组汇报现场操作答辩	6个考核点合格	5个考核点合格	4个考核点合格	15
	2. 能够阐述客室空调系统的主要技术参数及其原理					
	3. 能够阐述司机室空调系统的布置、结构组成及其性能参数					
	4. 能够完成空调系统的日常维护与检修工作					
	5. 能够完成空调系统的故障分析处理					
	6. 能够了解空调系统检查与维护的安全操作规程，能进行安全作业					
3	1. 能够阐述给水卫生系统的方式	小组汇报现场操作答辩	6个考核点合格	5个考核点合格	4个考核点合格	15
	2. 能够阐述给水卫生系统的结构、组成、种类等					
	3. 能够阐述不同型式卫生系统的工作原理					
	4. 能够完成给水卫生系统的日常维护与检修工作					
	5. 能够完成给水卫生系统的故障分析处理					
	6. 能够了解给排水卫生系统检查与维护的安全操作规程，能进行安全作业					
4	1. 能够阐述车窗、车门、座椅的布置情况	小组汇报现场操作答辩	6个考核点合格	5个考核点合格	4个考核点合格	20
	2. 能够阐述车窗、车门、座椅的构造、作用、分类及动作原理					
	3. 能够按照操作规范完成车窗、车门的操作					
	4. 能够完成车窗、车门的日常维护与检修工作					
	5. 能够完成车门的故障分析处理					
	6. 能够了解车窗、车门检查与维护的安全操作规程，能进行安全作业					

续表

学习情境编号	考核点	建议考核方式	评价标准			成绩比例（%）
			优（90分）	良（75分）	及格（60分）	
5	1. 能够阐述车内电气设备的种类、组成 2. 能够完成车内电气设备的具体布置及其作用 3. 能够阐述车内电气设备的工作原理 4. 能够阐述车内电气设备日常维护与检修工作 5. 能够完成车内电气设备的故障分析处理 6. 能够了解车内电气设备检查与维护的安全操作规程，能进行车内电气设备检查与维护安全作业	小组汇报现场操作答辩	6个考核点合格	5个考核点合格	4个考核点合格	15
6	1. 不迟到、早退、旷课，上课认真，认真执行6S管理要求； 2. 能认真完成作业，完成质量，认真积极回答问题； 3. 积极与小组成员沟通、承担工作任务，共同完成训练项目	过程考核	3个考核点合格	2个考核点合格	1个考核点合格	20
总　计						100

3.9　动车组维护与检修

3.9.1　课程概述

（1）课程名称：动车组维护与检修。
（2）课程性质：专业核心课。
（3）参考学时：84学时。
（4）参考学分：4学分。

3.9.2　课程性质和任务

本课程是动车组检修技术专业的核心课程，是必修课。其任务是：使学生掌握国内外常见动车组检修的能力、动车组故障分析判断的能力、动车组运行中出现故障时的维护能力、检修大型设备的使用能力、动车组检修过程中安全防护及安全用电防火的素质与能力。使学生具备较强的动车组检修能力与动车组检修组织能力，具备较强的动车组运行故障维护能力，具备较高的动车组检修设备使用及维护能力，具备较高的安全生产能力，具备一定的动车组检修基地管理能力。内容包括我国 CRH 系列动车组维修基础知识、动车组的检修、运行故障的维护及一般处理方法、检修设备的维护与检修、检修作业的安全防护等。

3.9.3 课程目标

1. 知识目标

（1）维修的基础知识。
（2）我国 CRH 系列动车组维修的基础知识。
（3）我国 CRH 系列动车组的检修。
（4）国外动车组的检修。
（5）动车组运行故障的维护及一般处理方法。
（6）动车组检修设备的维护与检修。
（7）检修作业的安全防护。

2. 能力目标

（1）动车组检修能力与检修组织能力。
（2）动车组检修基地管理能力。
（3）资料收集整理能力。
（4）制定、实施工作计划的能力。
（5）综合分析和判断能力。
（6）理论知识的综合运用能力。
（7）相关仪表工具的正确使用能力。

3. 素质目标

（1）责任心与职业道德。
（2）沟通协调能力。
（3）语言表达能力。
（4）团队组织协调能力。
（5）安全与自我保护能力。

3.9.4 课程设计思路

根据职业能力标准，以重点职业能力为依据确定课程目标，依据职业能力整合所需相关知识和技能，设计课程内容，以工作任务为载体构建“能力递进”课程。

课程结构以就业岗位对就业人员知识、技能的需求取向，通过一级检修车顶无电作业演练、一级检修地沟作业演练、闸片更换、一级检修车侧作业、一级检修车内有电作业、一级检修司机室检查作业、轮径尺的使用等活动，构建动车组检修修程、动车组各级检修工艺流程、标准、检修设备、工具、仪表使用及注意事项等知识结构和能力结构，形成相应的职业能力。

课程主要内容为车辆电工国家职业资格标准、铁道行业标准［中华人民共和国铁道行业标准（TB）］、动车组检修作业标准中的知识点和操作要求。

3.9.5 课程教学设计

序号	学习任务	职业能力	知识、技能、态度要求	教学活动设计	评价	学时
1	维修思想、维修制度、国外动车组维修制度	2.2.1 2.3.1 2.3.2 2.3.3 2.3.4 3.3.1	1. 掌握动车组维修的思想及维修制度； 2. 掌握浴盆曲线的意义及各数据表达的含义； 3. 了解国外采用的动车组维修思想、修程修制及检修基地的布置	1. 以“预防为主”的维修思想、维修制度； 2. 以“可靠性为中心”的维修思想、维修制度； 3. 浴盆曲线、诊断网络图； 4. 法国 TGV 列车维修的修程修制与检修基地的分布； 5. 德国 ICE 列车维修的修程修制与检修基地的布置； 6. 日本“新干线”列车的修程修制和维修基地的布置	过程与期终考核	2
2	我国 CRH 系列动车组修程修制及我国动车组检修基地的布置、主要设备和功能	2.2.1 2.3.1 2.3.2 2.3.3 2.3.4 3.3.1	1. 掌握我国 CRH 系列动车组的修程修制； 2. 了解我国动车组检修基地的布置； 3. 了解我国动车组检修基地基础设施的设置及其主要功能	1. 我国 CRH 系列动车组修程修制； 2. 我国动车组检修基地的布置； 3. 动车组检修主要设备及其功能； 4. 我国标准化动车所基础设施及其作用	过程与期终考核	2
3	CRH 系列动车组一级检修作业前的准备	2.2.1 2.3.1 2.3.2 2.3.3 2.3.4 3.3.1	1. 掌握一级检修作业的流程及各环节作业内容、重点注意事项； 2. 掌握轮对在线检测系统、受电弓在线监测系统的故障判断及复核通知单的数据处理； 3. 掌握车载数据下载的方法及数据分类、处理流程	1. CRH2 型动车组一级检修的作业程序； 2. 轮对在线监测系统； 3. 受电弓在线检测系统； 4. 车载数据下载	过程与期终考核	2
4	一级检修作业前的准备、CRH2 型动车组车顶无电作业	2.2.1 2.3.1 2.3.2 2.3.3 2.3.4 3.3.1	掌握接车作业的作业内容； 掌握断电作业的注意事项； 3. 掌握一级检修车顶无电作业的工艺流程	1. 接车作业；配合其他部门作业； 2. 断电作业； 3. CRH2 型动车组一级检修车顶无电作业的检修工艺流程	过程与期终考核	2

续表

序号	学习任务	职业能力	知识、技能、态度要求	教学活动设计	评价	学时
5	实训项目一：CRH2型动车组一级检修车顶无电作业的演练	2.2.1 2.3.1 2.3.2 2.3.3 2.3.4 3.3.1	掌握动车组一级检修车顶无电作业的检修工艺	CRH2型动车组一级检修车顶无电作业的检修工艺	过程与期终考核	4
6	CRH2型动车组一级检修车底地沟作业、CRH2型动车组车侧无电作业	2.2.1 2.3.1 2.3.2 2.3.3 2.3.4 3.3.1	1. 掌握一级检修车底地沟作业的工艺流程； 2. 掌握一级检修车侧作业的工艺流程	1. CRH2型动车组一级检修车底地沟作业的工艺流程； 2. CRH2型动车组一级检修车侧无电作业的工艺流程	过程与期终考核	4
7	实训项目二：CRH2型动车组一级检修地沟作业的演练	2.2.1 2.3.1 2.3.2 2.3.3 2.3.4 3.3.1	掌握动车组一级检修车底地沟作业的检修工艺	CRH2型动车组一级检修地沟作业的检修工艺	过程与期终考核	2
8	实训项目三：CRH2型动车组制动闸片的更换	2.2.1 2.3.1 2.3.2 2.3.3 2.3.4 3.3.1	掌握动车组制动闸片更换的工艺流程	CRH2型动车组制动闸片的更换工艺	过程与期终考核	2
9	实训项目四：CRH2型动车组一级检修车侧作业的演练	2.2.1 2.3.1 2.3.2 2.3.3 2.3.4 3.3.1	掌握动车组一级检修车侧作业的检修工艺	CRH2型动车组一级检修车侧作业的检修工艺	过程与期终考核	2
10	CRH2型动车组一级检修车内有电作业、CRH2型动车组一级检修司机室检查作业	2.2.1 2.3.1 2.3.2 2.3.3 2.3.4 3.3.1	1. 掌握一级检修车内有电作业的工艺流程； 2. 掌握一级检修动车组司机室检查的工艺流程	1. CRH2型动车组一级检修车内有电作业的工艺流程； 2. CRH2型动车组司机室检查的工艺流程	过程与期终考核	4
11	实训项目五：CRH2型动车组一级检修车内有电作业的演练	2.2.1 2.3.1 2.3.2 2.3.3 2.3.4 3.3.1	掌握动车组一级检修车内有电作业的检修工艺	CRH2型动车组一级检修车内有电作业的检修工艺	过程与期终考核	4
12	实训项目六：CRH2型动车组一级检修司机室检查作业的演练	2.2.1 2.3.1 2.3.2 2.3.3 2.3.4 3.3.1	掌握动车组一级检修司机室检查作业的检修工艺	CRH2型动车组一级司机室检查作业的检修工艺	过程与期终考核	2

续表

序号	学习任务	职业能力	知识、技能、态度要求	教学活动设计	评价	学时
13	CRH系列其他动车组一级检修车顶作业	2.2.1 2.3.1 2.3.2 2.3.3 2.3.4 3.3.1	掌握我国CRH系列其他动车组车顶无电作业的检修工艺	与CRH2型动车组对比，学习我国CRH系列其他动车组一级检修车顶无电作业的检修工艺	过程与期终考核	2
14	CRH系列其他动车组一级检修地沟作业	2.2.1 2.3.1 2.3.2 2.3.3 2.3.4 3.3.1	掌握我国CRH系列其他动车组地沟作业的检修工艺	与CRH2型动车组对比，学习我国CRH系列其他动车组一级检修地沟作业的检修工艺	过程与期终考核	2
15	CRH系列其他动车组一级检修车侧作业	2.2.1 2.3.1 2.3.2 2.3.3 2.3.4 3.3.1	掌握我国CRH系列其他动车组车侧作业的检修工艺	与CRH2型动车组对比，学习我国CRH系列其他动车组一级检修车侧作业的检修工艺	过程与期终考核	2
16	CRH系列其他动车组一级检修客室、司机室作业	2.2.1 2.3.1 2.3.2 2.3.3 2.3.4 3.3.1	掌握我国CRH系列其他动车组客室、司机室检查作业的检修工艺	与CRH2型动车组对比，学习我国CRH系列其他动车组一级检修客室、司机室检查作业的检修工艺	过程与期终考核	2
17	动车组有电试验、动车组出库质量联检及动车组出库	2.2.1 2.3.1 2.3.2 2.3.3 2.3.4 3.3.1	1. 掌握动车组一级检修有电试验的主要内容及试验方式； 2. 掌握动车组出库质量联检及地勤机械师质检人员的岗位职责； 3. 了解动车组出库流程	1. 动车组一级检修有电试验； 2. 动车组出库质量联检； 3. 动车组出库流程	过程与期终考核	2
18	二级检修车轮镟修作业	2.2.1 2.3.1 2.3.2 2.3.3 2.3.4 3.3.1	1. 掌握动车组二级检修车轮镟修作业的工艺流程； 2. 掌握动车组车轮镟修的条件及要求	动车组二级检修车轮镟修作业	过程与期终考核	2
19	二级检修空心轴探伤作业	2.2.1 2.3.1 2.3.2 2.3.3 2.3.4 3.3.1	1. 掌握动车组二级检修空心轴探伤的工艺流程； 2. 掌握动车组空心轴探伤样的条件及要求	动车组二级检修空心轴探伤作业	过程与期终考核	2
20	二级检修轮辋轮辐探伤作业	2.2.1 2.3.1 2.3.2 2.3.3 2.3.4 3.3.1	1. 掌握动车组二级检修轮辋轮辐探伤的工艺流程； 2. 掌握动车组轮辋轮辐探伤的条件及要求	动车组二级检修轮辋轮辐探伤作业	过程与期终考核	2

续表

序号	学习任务	职业能力	知识、技能、态度要求	教学活动设计	评价	学时
21	动车组运用检修基本工具的使用	2.2.1 2.3.1 2.3.2 2.3.3 2.3.4 3.3.1	1. 掌握扭力扳手的原理及使用方法； 2. 掌握轮径尺的原理及使用方法	动车组检修基本工具的原理及使用方法	过程与期终考核	2
22	实训项目七：轮径尺的正确使用	2.2.1 2.3.1 2.3.2 2.3.3 2.3.4 3.3.1	掌握轮径尺的使用方法	练习轮径尺的正确使用方法	过程与期终考核	2
23	三级检修	2.2.1 2.3.1 2.3.2 2.3.3 2.3.4 3.3.1	1. 掌握转向架的解耦； 2. 掌握动力转向架的分解、非动力转向架的分解； 3. 掌握一系悬挂装置、二系悬挂装置的分解； 4. 掌握牵引电机的分解与安装	1. 转向架的解耦； 2. 牵引装置的分解； 3. 牵引电机的安装； 4. 一系悬挂装置的分解； 5. 二系悬挂装置的分解	过程与期终考核	2
24	三级检修	2.2.1 2.3.1 2.3.2 2.3.3 2.3.4 3.3.1	掌握空簧连接装置、横向悬挂装置、横向止档、抗侧滚扭杆、抗蛇形减震器、枕梁、轮对、轴箱、齿轮箱连轴节的分解	1. 空簧连接装置； 2. 横向悬挂组成； 3. 横向止挡组成； 4. 抗侧滚扭杆组成； 5. 抗蛇行减震器组成； 6. 枕梁组成、轮对组成； 7. 轴箱组成； 8. 齿轮箱联轴节	过程与期终考核	2
25	三级检修	2.2.1 2.3.1 2.3.2 2.3.3 2.3.4 3.3.1	1. 掌握动力转向架的组装； 2. 掌握非动力转向架的组装	1. 动力转向架组装； 2. 非动力转向架组装	过程与期终考核	2
26	四级检修	2.2.1 2.3.1 2.3.2 2.3.3 2.3.4 3.3.1	掌握 CRH 系列动车组四级检修重要内容	CRH 系列动车组四级检修	过程与期终考核	2
27	五级检修	2.2.1 2.3.1 2.3.2 2.3.3 2.3.4 3.3.1	掌握 CRH 系列动车组无极检修重要内容	CRH 系列动车组五级检修	过程与期终考核	2

续表

序号	学习任务	职业能力	知识、技能、态度要求	教学活动设计	评价	学时
28	法国TGV动车组修程修制及检修工艺	2.2.1 2.3.1 2.3.2 2.3.3 2.3.4 3.3.1	1. 掌握法国TGV动车组的修程修制； 2. 掌握法国TGV动车组的检修工艺	1. 法国TGV动车组的修程修制； 2. 法国TGV动车组检修工艺	过程与期终考核	2
29	德国ICE动车组修程修制及检修工艺	2.2.1 2.3.1 2.3.2 2.3.3 2.3.4 3.3.1	1. 掌握德国ICE动车组的修程修制； 2. 掌握德国ICE动车组的检修工艺	1. 德国ICE动车组的修程修制； 2. 德国ICE动车组检修工艺	过程与期终考核	2
30	日本新干线列车修程修制及检修工艺	2.2.1 2.3.1 2.3.2 2.3.3 2.3.4 3.3.1	1. 掌握日本新干线列车的修程修制； 2. 掌握日本新干线列车的检修工艺	1. 日本新干线列车的修程修制； 2. 日本新干线列车检修工艺	过程与期终考核	2
31	动车组运行故障：车顶高压故障、辅助设备故障	1.3.1 1.3.5 1.4.4	1. 了解动车组运行故障常见分类； 2. 掌握动车组常见车顶高压设备故障的原因； 3. 掌握动车组辅助设备常见故障的原因	1. 常见动车组运行故障分类； 2. 常见车顶高压设备故障； 3. 常见辅助设备故障	过程与期终考核	2
32	动车组运行故障：走行部故障	1.3.4 1.4.4	掌握动车组走行部运行常见故障的原因	常见走行部故障	过程与期终考核	2
33	动车组运行故障的处理方法及应急救援注意事项	1.3.4 1.3.6	掌握动车组运行故障的一般处理方法及应急救援的流程、注意事项	常见运行故障的处理方法及应急救援注意事项	过程与期终考核	2
34	动车组检修化工用品的正确使用	2.2.1 3.3.1 6.2.2	掌握化工用品在CRH系列动车组检修中的正确使用	动车组检修化工用品的正确使用	过程与期终考核	
35	不落轮镟车床的维护与检修、真空吸污设备的维护与检修、上水装置的维护与检修	2.2.2 2.2.3 2.2.4 6.2.2	1. 掌握不落轮镟车床的使用方法； 2. 掌握不落轮镟车床的维护； 3. 掌握真空吸污设备的使用； 4. 掌握真空吸污设备的维护； 5. 掌握上水装置的使用； 6. 掌握上水装置的维护	1. 不落轮镟车床的使用； 2. 不落轮镟车床的维护； 3. 真空吸污设备的使用； 4. 真空吸污设备的维护； 5. 上水装置的使用； 6. 上水装置的维护	过程与期终考核	2

续表

序号	学习任务	职业能力	知识、技能、态度要求	教学活动设计	评价	学时
36	转向架更换设备的维护与检修、动车组检修滤网清洗机的维护与检修、动车组轮对在线检测系统的维护与检修、动车组受电弓在线检测系统的维护与检修	2.2.2 2.2.3 2.2.4 6.2.2	1. 掌握转向架更换设备的使用； 2. 掌握转向架更换设备的维护； 3. 掌握动车组检修滤网清洗机的使用； 4. 掌握动车组检修滤网清洗机的维护； 5. 掌握动车组轮对在线检测系统的使用； 6. 掌握动车组轮对在线检测系统的维护； 7. 掌握受电弓在线检测系统的使用； 8. 掌握受电弓在线检测系统的维护	1. 转向架更换设备的使用；转向架更换设备的维护； 2. 动车组轮对在线检测系统的使用； 3. 动车组轮对在线检测系统的维护； 4. 受电弓在线检测系统的使用； 5. 受电弓在线检测系统的维护	过程与期终考核	2
37	动车所检修安全监控系统及三层作业平台的维护与检修、动车组外皮清洗机的维护与检修、动车组检修信息终端设备的维护与检修	2.2.2 2.2.3 2.2.4 6.2.2	1. 掌握检修安全监控系统的使用； 2. 掌握检修安全监控系统的维护； 3. 掌握三层作业平台的使用； 4. 掌握三层作业平台的维护； 5. 掌握动车组外皮清洗设备的使用； 6. 掌握动车组外皮清洗设备的维护； 7. 掌握动车组检修信息终端设备的使用； 8. 掌握动车组检修信息终端设备的维护	1. 检修安全监控系统的使用； 2. 检修安全监控系统的维护； 3. 三层作业平台的使用； 4. 三层作业平台的维护； 5. 动车组外皮清洗设备的使用； 6. 动车组外皮清洗设备的维护； 7. 动车组检修信息终端设备的使用； 8. 动车组检修信息终端设备的维护	过程与期终考核	2
38	动车组空心轴探伤设备的维护与检修、动车组轮辋轮辐探伤设备的维护与检修	2.2.2 2.2.3 2.2.4 6.2.2	1. 掌握空心轴探伤设备的使用； 2. 掌握空心轴探伤设备的维护； 3. 掌握动车组轮辋轮辐探伤设备的使用； 4. 掌握动车组轮辋轮辐探伤设备的维护	1. 空心轴探伤设备的使用； 2. 空心轴探伤设备的维护； 3. 动车组轮辋轮辐探伤设备的使用； 4. 动车组轮辋轮辐探伤设备的维护	过程与期终考核	2
39	检修作业安全防护内容、检修作业安全防护案例教学	2.2.2 2.2.3 2.2.4 6.2.2	1. 掌握检修作业安全用电的注意事项； 2. 掌握无电作业开始前的断电作业流程； 3. 掌握检修库内明火使用的相关规定； 4. 掌握安全作业、安全防护的重要性	1. 检修作业安全用电； 2. 无电作业开始前的断电作业； 3. 检修库内明火使用的相关规定及注意事项； 4. 检修作业安全防护及安全作业案例讲解分析	过程与期终考核	2

3.9.6 教学实施

1. 教学建议

重视实践教学环节，按工作任务或项目组织教学，精选学习项目和真实训练项目把握本课程的知识点和技能点。采用精讲多练的教学方法，立足于培养学生的综合职业能力、严谨的工作作风和良好的职业素养。

2. 教材选用与编写

教材选取的原则：新颖、全面。

推荐教材：王伯铭主编，中国铁道出版社《动车组运用与检修》。

参考的教学资料：焦凤川主编，北京交通大学出版社《动车组运用与检修》。

3. 教学资源

（1）完整的教案、讲稿，配套的课程 PPT。

（2）具有完善的实验、实训设备，能完成所有课程相关的实践教学。

（3）有中央财政建设的专业实训基地，能满足专业教学与实践活动的开展。

（4）本课程采用多媒体教学法，结合动车段、动车运用所的现场检修视频、工艺文件展开教学，多提问、多讨论，激发学生强烈的学习兴趣。

（5）本课程实训项目结合教学展开，以学生切实掌握动车组检修及检修大型设备的使用为目的。

（6）本课程为学生顶岗实习的开展奠定基础。

3.9.7 训练项目设计

本课程训练项目应包括一级检修车顶无电作业演练、一级检修地沟作业演练、闸片更换、一级检修车侧作业、一级检修车内有电作业、一级检修司机室检查作业、轮径尺的使用等基本操作，学校应根据产业特点、就业岗位和国内外合作企业，参照下列训练项目示例合理设计训练项目。

1. 训练项目示例一：一级检修车顶无电作业演练

1）项目描述

一级检修是动车组的日常维护检修，是动车组所有修程中最频繁的检修项目，该训练项目旨在教会学生一级检修车顶无电作业的流程及检修限度。

2）训练要求

穿戴作业服，学会一级检修地沟作业。

2. 训练项目示例二：一级检修地沟作业演练

1）项目描述

一级检修是动车组的日常维护检修，是动车组所有修程中最频繁的检修项目，该训练项目旨在教会学生一级检修地沟作业的流程及检修限度。

2）训练要求

穿戴作业服，学会一级检修地沟作业。

3. 训练项目示例三：闸片更换

1）项目描述

动车组运行过程中，制动闸片需要经常更换。该训练项目旨在教会学生正确进行闸片更换。

2）训练要求

穿戴作业服，学会正确操作的同时，练习断电作业。

4. 训练项目示例四：一级检修车侧作业

1）项目描述

一级检修是动车组的日常维护检修，是动车组所有修程中最频繁的检修项目，该训练项目旨在教会学生一级检修车侧作业的流程及检修限度。

2）训练要求

穿戴作业服，学会正确操作的同时，练习断电作业。

5. 训练项目示例五：一级检修车内有电作业

1）项目描述

一级检修是动车组的日常维护检修，是动车组所有修程中最频繁的检修项目，该训练项目旨在教会学生一级检修车内有电作业的流程及检修限度。

2）训练要求

穿戴作业服，学会正确操作的同时，练习断电作业。

6. 训练项目示例六：一级检修司机室检查作业

1）项目描述

一级检修是动车组的日常维护检修，是动车组所有修程中最频繁的检修项目，该训练项目旨在教会学生一级检修司机室检查作业的流程及检修限度。

2）训练要求

穿戴作业服，学会正确操作的同时，练习断电作业。

7. 训练项目示例七：轮径尺的使用

1）项目描述

动车组运行过程中，车轮直径经常出现擦伤或剥离现象。该训练项目旨在教会学生如何正确进行车轮直径的测量。

2）训练要求

穿戴作业服，学习如何正确使用轮径尺。

3.9.8 课程考核

1. 考核内容

本课程考核内容包括理论部分考核、实践部分考核和平时成绩考核三部分，理论部分考核为笔试，实践部分考核为现场操作考核，平时成绩考核为平时作业、考勤和期中考试等。

2. 成绩评定

<table>
<tr><th>序号</th><th colspan="3">名　称</th><th>考查课</th></tr>
<tr><td rowspan="4">1</td><td rowspan="4">理论部分考核</td><td rowspan="2">考试</td><td>平时成绩</td><td>20%</td></tr>
<tr><td>试卷成绩</td><td>50%</td></tr>
<tr><td colspan="2">作业成绩</td><td>10%</td></tr>
<tr><td colspan="2">小　计</td><td>80%</td></tr>
<tr><td>2</td><td>实践部分考核</td><td colspan="2">教师根据现场教学情况给予成绩</td><td>20%</td></tr>
</table>

3. 评分要点与评分标准

序号	教学单元	考核知识点及要求	考核比例
1	维修的基础知识	维修思想、维修制度、国外动车组维修制度	10%
2	CRH 系列动车组维修基础知识	我国 CRH 系列动车组修程修制及我国动车组检修基地的布置、主要设备和功能	5%
3	我国 CRH 系列动车组的检修	CRH 系列动车组一级检修作业前的准备一级检修作业前的准备、CRH2 型动车组车顶无电作业、CRH2 型动车组一级检修车底地沟作业、CRH2 型动车组车侧无电作业、CRH2 型动车组一级检修车内有电作业、CRH2 型动车组一级检修司机室检查作业、CRH 系列其他动车组一级检修车顶作业、CRH 系列其他动车组一级检修地沟作业、CRH 系列其他动车组一级检修车侧作业、CRH 系列其他动车组一级检修客室、司机室作业、动车组有电试验、动车组出库质量联检及动车组出库、二级检修车轮镟修作业、二级检修空心轴探伤作业、二级检修轮辋轮辐探伤作业、动车组运用检修基本工具的使用、三级检修、四级检修、五级检修、动车组检修化工用品的正确使用	15%
4	国外动车组的检修	法国 TGV 动车组修程修制及检修工艺、德国 ICE 动车组修程修制及检修工艺、日本新干线列车修程修制及检修工艺	5%

续表

序号	教学单元	考核知识点及要求	考核比例
5	动车组运行故障的维护及一般处理方法	动车组运行故障：车顶高压故障、辅助设备故障、走行部故障、动车组运行故障的处理方法及应急救援注意事项	10%
6	动车组检修设备的维护与检修	不落轮镟车床的维护与检修、真空吸污设备的维护与检修、上水装置的维护与检修、转向架更换设备的维护与检修、动车组检修滤网清洗机的维护与检修、动车所检修安全监控系统及三层作业平台的维护与检修、动车组空心轴探伤设备的维护与检修、动车组轮辋轮辐探伤设备的维护与检修、动车组轮对在线检测系统的维护与检修、动车组受电弓在线检测系统的维护与检修、动车组外皮清洗机的维护与检修、动车组检修信息终端设备的维护与检修	15%
7	检修作业的安全防护	检修作业安全防护内容、检修作业安全防护案例教学	5%
8	实训项目一：	实训项目一：CRH2 型动车组一级检修车顶无电作业的演练	5%
9	实训项目二：	实训项目二：CRH2 型动车组一级检修地沟作业的演练	5%
10	实训项目三：	实训项目三：CRH2 型动车组制动闸片的更换	5%
11	实训项目四：	实训项目四：CRH2 型动车组一级检修车侧作业的演练	5%
12	实训项目五：	实训项目五：CRH2 型动车组一级检修车内有电作业的演练	5%
13	实训项目六：	实训项目六：CRH2 型动车组一级检修司机室检查作业的演练	5%
14	实训项目七：	实训项目七：轮径尺的正确使用	5%
15	合　计		100%

3.10 高速铁路概论

3.10.1 课程概述

（1）课程名称：高速铁路概论。
（2）课程性质：专业拓展课。
（3）参考学时：28 学时。
（4）参考学分：1 学分。

3.10.2 课程性质和任务

本课程是动车组检修技术专业的专业拓展课程，是必修课。其任务是：国内高速铁路发展动态，掌握高速铁路的线路、动车组、车站、信号与通信设备等运输基本设备，掌握高速铁路防灾安全监控与环境保护、磁悬浮铁路工作原理等基本知识，了解 CRH 不同型号动车组的特点和区别，了解动车组基地建设等。内容包括我国高速铁路发展动态、高速铁路线路、轨道、桥梁、隧道、动力分配、车体、连接装置、转向架技术、车辆设备、牵引传动系统、制动系统、控制系统、磁悬浮列车、防灾安全监控与环境保护、动车组基地建设等。

3.10.3 课程目标

1. 知识目标

（1）高速铁路发展动态。

（2）高速铁路线路、轨道、桥梁、隧道。

（3）CRH 型动车组不同车型的车体、连接装置、转向架技术、车辆设备、牵引传动系统、制动系统、控制系统。

（4）高速铁路车站及枢纽。

（5）高速铁路信号设备。

（6）高速铁路通信设备。

（7）高速铁路防灾安全监控与环境保护。

（8）动车组基地建设。

（9）高速铁路运输工作组织。

（10）磁悬浮铁路的基本概念、基本原理及基本运用。

2. 能力目标

（1）CRH 动车组车型识别能力。

（2）了解国内高速铁路施工现状和发展趋势。

（3）掌握高速铁路路基、轨道、桥梁、隧道。

（4）掌握高速铁路车站及枢纽。

（5）掌握高速铁路防灾安全监控与环境保护。

（6）掌握磁悬浮铁路的基本概念、基本原理及基本运用。

（7）掌握高速铁路的信号与通信设备原理。

（8）熟悉高速铁路运输工作组织。

（9）识别列车运行图能力。

（10）了解动车组检修基地布置原则。

3. 素质目标

（1）获取信息的能力。

（2）资料收集整理能力。

（3）制定、实施工作计划的能力。

（4）工艺文件理解能力。

（5）检查、判断能力。

（6）沟通协调能力。
（7）语言表达能力。
（8）安全与自我保护能力。
（9）责任心与职业道德。
（10）利用所学知识掌握新知识、新技术的能力。

3.10.4　课程设计思路

根据职业能力标准，以重点职业能力为依据确定课程目标，依据职业能力整合所需的相关知识和技能，设计课程内容，以工作任务为载体构建“能力递进”课程。

课程结构以就业岗位对就业人员知识、技能的需求取向，通过高速铁路运输基本设备认识、高速铁路动车组的组成等活动，构建国内 CRH 型动车组发展概述、高速铁路线路条件、基地建设、新技术与新车型发展变化、列车整体概述等知识结构和能力结构，形成相应的职业能力。

课程主要内容为车辆电工国家职业资格标准、铁道行业标准［中华人民共和国铁道行业标准（TB）］中的知识点和操作要求。

3.10.5　课程教学设计

序号	学习任务	职业能力	知识、技能、态度要求	教学活动设计	评价	学时
1	国内高速铁路发展历程、主要技术经济优势、规划与建设	1.1.4 2.1.2 3.1.2 3.4.1 3.4.2	1. 掌握国内高速动车组发展历程； 2. 掌握高速动车组主要技术特点、优势及组成； 3. 掌握不同车型的特点与识别技巧	国内高速动车组发展历程、高速动车组主要技术特点及组成、我国CRH型动车组的简介及识别	课堂提问、陈述、作业考核	4
2	高速铁路线路、轨道、桥隧建筑物；高速铁路车站及枢纽站；高速铁路信号与通信设备	1.1.2 1.1.4 2.1.2	1. 掌握高速铁路线路、轨道、结构、类型； 2. 了解桥隧建筑物的空气动力学效应； 3. 了解各国高速铁路车站的分布； 4. 掌握高速铁路车站与既有站的衔接； 5. 掌握枢纽站定义、设备及布置图型； 6. 掌握不同车型动车组车辆的分类、组成、牵引动力、车辆维修工艺； 7. 掌握高速铁路基本信号设备、联锁设备、区间闭塞设备、铁路通信设备、列车运行控制系统	1. 高速铁路线路组成、路基与桥隧建筑物、轨道、限界； 2. 高速动车组构造、种类、车辆代码、牵引动力、车辆维修工艺； 3. 高速铁路车站分界点、车站线路种类，会让站与越行站； 4. 枢纽站定义、主要设备、布置图型； 5. 高速铁路基本信号设备、联锁设备、区间闭塞设备、铁路通信设备、列车运行控制系统	课堂提问、陈述、作业考核	10

续表

序号	学习任务	职业能力	知识、技能、态度要求	教学活动设计	评价	学时
3	CRH不同车型高速动车组的车体、连接缓冲装置、转向架技术、车辆设备、牵引传动系统、制动系统、控制系统的特点、组成及工作原理等	1.1.4 2.1.2 2.2.2 3.2.1 3.4.1 3.4.2	掌握不同车型高速动车组的车体、连接缓冲装置、转向架技术、车辆设备、牵引传动系统、制动系统、控制系统的特点、组成及工作原理等	1. 动车组车体结构及新技术； 2. 动车组连接缓冲装置的工作原理； 3. 高速转向架性能特点、作用、分类及结构组成，不同类型动车组转向架的区别； 4. 牵引传动系统的组成及特点； 5. 制动的基本概念、掌握动车组制动系统基本原理与特点； 6. 动车组网络信息系统发展、特点和结构； 7. 动车组控制系统的特点、组成； 8. 各种型号 CRH 系列动车组编组情况及客室设备布局和特点	课堂提问、陈述、作业考核	6
4	高速铁路旅客运输组织、货物运输组织、行车组织、高速铁路防灾安全监控系统	1.1.2 1.1.4 2.1.2 3.4.1	掌握高速铁路旅客运输组织、货物运输组织、行车组织、高速铁路防灾安全监控系统	1. 高速铁路旅客运输组织的运输计划、客流分类、运行组织； 2. 货物运输组织的运输计划、运输种类、运输条件、工作组织； 3. 行车组织的列车编组、列车运行图、线路通过能力、调度指挥、运营管理自动化系统； 4. 高速铁路防灾安全监控系统、噪声和振动的原理及控制，对其他环境的影响及防护	课堂提问、陈述、作业考核	4
5	磁悬浮铁路的特点、基本制式、工作原理、基本设备和发展优势	1.1.4 2.1.2	掌握磁悬浮铁路的特点、基本制式、工作原理、基本设备	1. 磁悬浮铁路简介； 2. 磁悬浮铁路的工作原理； 3. 磁悬浮铁路的基本设备	课堂提问、陈述、作业考核	2
6	CRH系列动车组主要技术差异；我国动车组检修基地、运用所布局；各型动车组配属使用的主要线路和区域	1.1.4 2.1.2	掌握 CRH 系列动车组主要技术差异、了解我国动车组检修基地、运用所布局、了解各型动车组配属使用的主要线路和区域	1. 动车组检修基地的布置格局； 2. 动车组检修基地的发展概况	课堂提问、陈述、作业考核	2

3.10.6 教学实施

1. 教学建议

重视实践教学环节，按工作任务或项目组织教学，精选学习项目和真实训练项目把握本课程的知识点和技能点。采用精讲多练的教学方法，立足于培养学生的综合职业能力、严谨的工作作风和良好的职业素养。

2. 教材选用与编写

教材选取的原则：新颖、全面。

推荐教材：佟立本主编，中国铁道出版社《高速铁路概论（第四版）》。

参考的教学资料：韩宝明、李学伟主编，北京交通大学出版社《高速铁路概论》。

3. 教学资源

（1）完整的教案、讲稿，配套的课程 PPT。

（2）具有完善的实验、实训设备，能完成所有课程相关的实践教学。

（3）有中央财政建设的专业实训基地，能满足专业教学与实践活动的开展。

（4）理论教学应注重理论、实际结合，应该将理论概述内容讲解、现场情景有机结合，同时，尽可能为学生提供接触实景的机会，提高教学效果。

（5）教学、考核、反馈是教学过程的重要组成，及时反馈可使教师及时了解学习效果。在课堂上适当进行形式多样的考核，并及时讲评，有利于提高教学质量。

（6）为了发挥学生的主观能动性，提高学生的职业素质，教师可将一些简单的、雷同的内容分配给学生，要求学生以组为单位完成预习、实践，甚至上台给其他组讲解，并能回答其他同学的提问，最后由教师给予全面总结。

（7）采用视听多媒体教学法开阔学生思维，多提问、多讨论，激发学生强烈的学习兴趣。

3.10.7 训练项目设计

本课程训练项目应包括 CRH 型高速铁路运输基本设备认识、CRH 型高速铁路动车组的组成等基本操作，学校应根据产业特点、就业岗位和国内外合作企业，参照下列训练项目示例合理设计训练项目。

1. 训练项目示例一：CRH 型高速铁路运输基本设备认识

1）项目描述

在高速铁路车站、运行区间观察高速铁路线路，认识路基组成、轨道、道岔、桥隧建筑物的类型；观察不同地点信号设备的设置；观察车站的设置等。

2）训练要求

留意乘坐高铁或前往现场时看到的线路、信号设备、车站等铁路基本设备，对高速铁路进行整体认识，结合课本理论知识，全面认识高速铁路基本设备。

2. 训练项目示例二：CRH 型高速铁路动车组的组成

1）项目描述

集合学生到高速铁路动车所，在强调安全重要性的基础上，介绍动车组的组成及每一部分的作用。并且依次指出动车组每一部分的位置，让学生识别和讲述其作用和特点。现场的提问和解答环节是重点、安全是前提。最后让学生课后书写现场教学的报告。

2）训练要求

让学生认识动车组的组成部分、各部分的功能作用，认识不同车型动车组的区别。并提高学生的安全意识和使其熟练认知动车组的组成，有利于其职业素养的提升。

3.10.8 课程考核

1. 考核内容

本课程考核内容包括理论部分考核、实践部分考核和平时成绩考核三部分，理论部分考核为笔试，实践部分考核为现场操作考核，平时成绩考核为平时作业、考勤和期中考试等。

2. 成绩评定

序号	名称		考核比例
1	理论部分考核	期末考试（闭卷，统考）	60%
2	实践部分考核	过程考核（操作、数据整理分析等）	20%
3	平时成绩	过程记录（考勤、作业、期中考试、6S 管理等）	20%
4	总评		100%

3. 评分要点与评分标准

序号	教学单元	考核的知识点及要求	考核比例
1	国内高速铁路施工现状和发展趋势	1. 高速动车组发展历程； 2. 高速动车组主要技术特点及组成； 3. 我国动车组 CRH1、CRH2、CRH3、CRH5、CRH6 型车识别	10%
2	高速铁路中运输基本设备	1. 高速铁路线路平面及纵断面、路基、轨道及桥隧建筑物； 2. 高速铁路车站的分布，高速铁路车站与既有站的衔接，枢纽站定义、设备及布置图型； 3. 掌握动车组车辆的分类、组成、牵引动力、车辆维修工艺； 4. 掌握高速铁路基本信号设备、联锁设备、区间闭塞设备、铁路通信设备、列车运行控制系统	30%
3	高速铁路不同车型动车组的分类、组成	不同车型高速动车组的车体、连接缓冲装置、转向架技术、车辆设备、牵引传动系统、制动系统、控制系统设备的特点、组成及工作原理	35%

续表

序号	教学单元	考核的知识点及要求	考核比例
4	高速铁路运输工作组织	高速铁路旅客运输组织、货物运输组织、行车组织、高速铁路防灾安全监控系统	10%
5	磁悬浮列车	磁悬浮铁路的特点、基本制式、工作原理、基本设备	5%
6	动车组检修基地	1. 我国 CRH 系列动车组各车型的主要技术差异；我国动车组检修基地、运用所布局； 2. 各型动车组配属使用的主要线路和区域	10%
合　计			100%

3.11　高速铁路供电

3.11.1　课程概述

（1）课程名称：高速铁路供电。

（2）课程性质：专业拓展课。

（3）参考学时：28 学时。

（4）参考学分：1 学分。

3.11.2　课程性质和任务

本课程是动车组检修技术专业的专业拓展课程，是必修课。其任务是：明白牵引供电系统的组成与功能，了解牵引变电所的功能；了解接触网的作用；了解柔性接触网、刚性接触网、第三轨各自的特点和异同，熟悉地铁接触网、接触轨的组成、工作状态及要求；了解接触网的设备、部件和零件（绝缘器、隔离开关、接地装置）；熟悉接触网标志及保安装置；掌握接触网供电方式、供电分段、电流、额定电压的作用；掌握弓网关系及弓网事故的危害及供电中断的应急处理。牵引变电所高低压电器设备的操作、维护、故障检修，接触网系统的维护、故障检修等等，并培养其制定实施工作计划、分析检查判断等方法能力，以及听从指挥、服从安排、安全与自我保护等综合素质和能力，树立良好职业道德与责任心。把学生培养成能够全面、个性、可持续发展，具有国际公认优秀素养，能参与未来国际合作与竞争的人。

3.11.3　课程目标

1. 知识目标

（1）具备对牵引供电系统主要组成部件的认知能力。

（2）掌握牵引变电所的高低压电器设备操作流程。

（3）具备高低压配电间的屏柜电气线路分析能力。

（4）具备对接触网的组成进行分析的能力。

（5）具备接触网构件认知能力。

（6）具备对变电所电气主接线进行分析的能力。

2. 能力目标

（1）沟通能力及团队协作精神。

（2）良好的职业道德。

（3）勇于创新、敬业乐业的工作作风。

（4）良好的安全意识。

（5）有较强的表达能力、沟通能力、组织实施能力。

（6）具备基本的生产组织、技术管理能力。

（7）具备铁道供电的基本英语的口语交流能力。

3. 素质目标

（1）具有自主学习的能力。

（2）具有分析问题和查找相应资料的能力。

（3）制订工作流程的能力。

（4）独立学习能力和决策能力。

（5）具有阅读有关技术资料，特别是外语资料的阅读能力，自我拓展学习本专业的新技术、新工艺，获取新知识的能力。

3.11.4 课程设计思路

根据职业能力标准，以重点职业能力为依据确定课程目标，依据职业能力整合所需的相关知识和技能，设计课程内容，以工作任务为载体构建“能力递进”课程。

课程结构以就业岗位对就业人员知识、技能的需求取向，通过接触网的组成、牵引供电系统的组成等活动，构建列车供电系统、牵引变电所的基本结构组成、工作原理、特点、维护保养、故障处理等知识结构和能力结构，形成相应的职业能力。

课程主要内容为车辆电工职业资格标准、铁道行业标准［中华人民共和国铁道行业标准（TB）］中的知识点和操作要求。

3.11.5 课程教学设计

序号	学习任务	职业能力	知识、技能、态度要求	教学活动设计	评价	学时
1	铁道供电系统组成	1.2.1 1.3.1 1.4.4 3.1.2	1. 掌握牵引供电系统的结构组成及各系统的功能； 2. 掌握铁道牵引供电系统的特征； 3. 掌握 AT、BT、直接供电系统的特征	1. 铁道牵引供电系统的结构组成； 2. 各系统功能、作用，电压等级，供电特点	课堂提问、陈述、作业考核、期末考试	4
2	牵引变电所	1.2.1 1.3.1 1.4.4 3.1.2	1. 掌握牵引变电所的定义及概念； 2. 掌握牵引变电所的高低压熔断器和开关电器、电力变压器和互感器以及高低压成套配电装置等不同高低压电器的名称、功能、作用，掌握它们的图形符号、文字符号； 3. 了解其所址选择，布置方式； 掌握直流牵引变电所的整流装置的功能； 4. 了解电力牵引轨道沿线的迷流腐蚀与保护问题； 5. 掌握牵引变电所的安全作业规范	1. 铁道牵引变电所的高低压电器设备结构、功能、表示符号； 2. 电器设备的检修要求	课堂提问、陈述、作业考核、期末考试	6
3	牵引供电系统的组成	1.2.1 1.3.1 1.4.4 3.1.2	掌握牵引供电系统组成部分的结构、原理与功能； 掌握牵引变电所高低压熔断器的结构、原理与功能； 掌握电力变压器的结构、原理与功能； 掌握互感器的结构、原理与功能	牵引变电所的高低压熔断器和开关电器、电力变压器和互感器以及高低压成套配电装置	课堂提问、陈述、作业考核、期末考试	4
4	牵引供电主接线	1.2.1 1.3.1 1.4.4 3.1.2	1. 会看牵引变电所的主电路图； 2. 能够说明牵引变电所的不同类型及原理； 3. 了解变电所内的控制和信号电路； 4. 能够在牵引变电所绘制变电所主接线图	铁道供电系统不同接线方式及其特征	课堂提问、陈述、作业考核、期末考试	6
5	牵引网	1.2.1 1.3.1 1.4.4 3.1.2	1. 掌握接触网的结构组成、各部分功能； 2. 了解架空式接触网与接触轨的不能结构特征和功能； 3. 了解架空式接触网的锚段、中心锚结等不同结构及其功能； 4. 了解接触网的支撑装置、支柱等装置的结构、功能； 5. 了解接触网维护原则和工作流程； 6. 掌握接触网安全作业规范	1. 架空式接触网的组成与结构； 2. 接触轨式接触网	课堂提问、陈述、作业考核、和期末考试	4

续表

序号	学习任务	职业能力	知识、技能、态度要求	教学活动设计	评价	学时
6	接触网的组成	1.2.1 1.3.1 1.4.4 3.1.2	1. 掌握接触网基础构件的作用及工作原理； 2. 掌握接触网基础安装结构件的应用； 3. 掌握接触网导线的类型及要求； 4. 掌握接触网其他辅助构件的组成及工作原理	1. 接触网各组件结构、功能； 2. 不同类型接触网的区别	课堂提问、陈述、作业和期末考试	4

3.11.6　教学实施

1. 教学建议

重视实践教学环节，按工作任务或项目组织教学，精选学习项目和真实训练项目把握本课程的知识点和技能点。采用精讲多练的教学方法，立足于培养学生的综合职业能力、严谨的工作作风和良好的职业素养。

2. 教材选用与编写

教材选取的原则：新颖、全面。

推荐教材：校本教材《铁道供电系统》。

参考的教学资料：电子工业出版社《供配电技术》。

3. 教学资源

（1）完整的教案、讲稿，配套的课程 PPT。

（2）具有完善的实验、实训设备，能完成与所有课程相关的实践教学。

（3）有中央财政建设的专业实训基地，能满足专业教学与实践活动的开展。

（4）理论教学应注重理论、实践结合，应该将概念讲解、实例演示有机结合，同时，尽可能为学生提供现场检修的机会，提高教学效果。

（5）教学、课堂考核、反馈、期末考试或考查是教学过程的重要组成，通过课堂考核的及时反馈可使教师较快了解学生的学习效果，因此，在课堂上适当进行形式多样的考核，并及时讲评，有利于提高教学质量。

（6）为了发挥学生的主观能动性，提高学生的职业素质，教师不必在课堂上讲授所有的知识要点，将一些简单的、雷同的内容分配给学生，要求他们以组或个人为单位完成预习、实践，甚至上台给其他组讲解，并能回答其他同学的提问，最后由教师给予全面总结。

（7）采用视听多媒体教学法开阔学生思维，特别是结合路段接触网检修视频、工艺文件展开教学，多提问、多讨论，激发学生强烈的学习兴趣。

3.11.7 训练项目设计

本课程训练项目应包括接触网的组成、牵引供电系统的组成等基本操作，学校应根据产业特点、就业岗位和国内外合作企业，参照下列训练项目示例合理设计训练项目。

1. 训练项目示例一：接触网的组成

1）项目描述

集合学生到有接触网的电气化铁道旁，首先强调安全意识，然后口述介绍接触网的组成、每一部分的作用和其主要类型。并且依此指出现场接触网每一部分的位置，让学生识别和讲述其作用、特点和类型。现场的提问和解答环节是重点、安全是前提。最后让学生课后书写现场教学的报告。

2）训练要求

让学生认识接触网的组件、功能，认识接触网的各个不同类型。并提高学生的安全意识，和熟练认知接触网的特点，有利于其职业素养的提升。

2. 训练项目示例二：牵引供电系统的组成

1）项目描述

集合学生到有高压设备的实训室，首先强调安全意识，然后口述复习牵引供电系统的组成，并强调组成牵引供电系统的电气设备的作用。在现场教学时，主要介绍高低压电气设备的结构特点和作用，并且进行提问和解答。最后让学生学会使用操作高压断路器，操作时分组进行。

2）训练要求

熟练掌握牵引变电所的高低压熔断器和开关电器、电力变压器和互感器以及高低压成套配电装置的结构特点，并且能有效识别和讲解其在牵引供电系统中的位置。最终的目的是提高学生的安全意识，认知牵引供电系统的组成，有利于学生职业素养的提升。

3.11.8 课程考核

1. 考核内容

本课程考核内容包括理论部分考核、实践部分考核和平时成绩考核三部分，理论部分考核为笔试，实践部分考核为现场操作考核，平时成绩考核为平时作业、考勤和期中考试等。

2. 成绩评定

课程考核可以采用理论考核和实践考核相结合的方式。理论部分采用开卷（包括专题答辩和作业成绩）和闭卷相结合的方式，如下表。

<table>
<tr><th>序号</th><th colspan="3">名　称</th><th>考核比例</th></tr>
<tr><td rowspan="4">1</td><td rowspan="4">理论部分考核</td><td>专题答辩</td><td>牵引供电系统的主接线图分析</td><td>40%</td></tr>
<tr><td colspan="2">作业成绩</td><td>10%</td></tr>
<tr><td>考试成绩</td><td>期末考试</td><td>30%</td></tr>
<tr><td colspan="2">小　计</td><td>80%</td></tr>
<tr><td>2</td><td>实践部分考核</td><td colspan="2">教师在牵引供电所、接触网的现场教学过程中，对学生的表现、问题回答给予成绩</td><td>20%</td></tr>
<tr><td>3</td><td>总评</td><td colspan="2"></td><td>100%</td></tr>
</table>

3. 评分要点与评分标准

序号	教学单元	考核的知识点及要求	考核比例
1	铁道供电系统组成	城市轨道牵引供电系统的结构组成； 电压等级； 供电特点； 各系统功能、作用	10%
2	牵引变电所	铁道牵引变电所的高压断路器等高低压电器设备结构、功能、表示符号； 电器设备的检修要求	30%
3	牵引供电主接线	铁道供电系统不同接线方式及其特征	30%
4	牵引网	架空式接触网的组成与结构； 接触轨式接触网	30%
5	合　计		100%

3.12 高速铁路行车组织与规章

3.12.1 课程概述

（1）课程名称：高速铁路行车组织与规章。

（2）课程性质：专业拓展课。

（3）参考学时：48 学时。

（4）参考学分：2 学分。

3.12.2 课程性质和任务

本课程是动车组检修技术专业的专业拓展课程。通过详细分析高速铁路行车组织规程及高速铁路技术管理规程等规章制度，使学生熟知动车组管理与运用、行车运行图、行车信号等相关知识，并初步具备高速铁路组织行车的能力。课程内容包括动车组行车组织基础设备的相关知识、动车组运用、运用管理、专业管理、铁路施工维修组织、铁路车站组织等相关知识。通过课程学习，为将学生培养成为具有较高素养的动车组运用与检修技术人员奠定了基础。

3.12.3 课程目标

1. 知识目标

（1）掌握高速铁路列车运行图识图及编制的相关知识。

（2）掌握高速铁路客流特点及国外高速铁路客流组织的相关知识。

（3）掌握高速铁路车站设备及高速铁路客运工作组织的相关知识。

（4）掌握动车组运用管理的相关知识。

（5）掌握动车组运用计划、乘务员运用计划、车站作业计划制定的相关知识。

（6）掌握高速铁路区间通过能力及高速铁路区间通过能力计算的相关知识。

（7）掌握高速铁路调度指挥特点及世界各国高速铁路的调度系统的相关知识。

（8）高速铁路综合维修的组织与管理的相关知识。

（9）非正常情况下的行车组织的相关知识。

（10）掌握高速铁路信号显示的相关知识。

（11）掌握动车组司机手比及呼唤应答标准的相关知识。

（12）掌握非正常情况下动车组行车的相关知识。

2. 能力目标

（1）初步具备组织高速铁路行车的能力。

（2）培养学生谦虚、好学的能力。

（3）培养学生勤于思考、做事认真的良好作风。

（4）培养学生分析问题、解决问题的能力。

（5）培养学生独立学习能力和决策能力。

（6）培养学生使其具有阅读有关技术资料，自我拓展学习本专业的新技术、新工艺，获取新知识的能力。

3. 素质目标

（1）培养学生的沟通能力及团队协作精神。

（2）培养学生良好的职业道德。

（3）培养学生勇于创新、敬业乐业的工作作风。

（4）培养学生的质量意识、安全意识。

（5）有较强的表达能力、沟通能力、组织实施能力。

（6）具备基本的生产组织、技术管理能力。

3.12.4 课程设计思路

根据职业能力标准，以重点职业能力为依据确定课程目标，依据职业能力整合所需相关知识和技能，设计课程内容，以工作任务为载体构建“能力递进”课程。

课程结构以就业岗位对就业人员知识、技能的需求取向，通过列车运行图的铺画、车机呼唤应答、高速铁路行车信号的正确使用等活动，构建列车运行图、运行方案优化与编制、调度指挥系统结构组成、系统功能、特点等知识结构和能力结构，形成相应的职业能力。

课程主要内容为中国铁路总公司铁路技术管理规程（高速铁路）、车辆电工国家职业资格标准、铁道行业标准［中华人民共和国铁道行业标准（TB）］中的知识点和操作要求。

3.12.5 课程教学设计

序号	学习任务	职业能力	知识、技能、态度要求	教学活动设计	评价	学时
1	高速铁路列车运行图	1.1.4	1. 掌握高速铁路的一般要求； 2. 理解列车运行图的基本概念； 3. 掌握列车运行图的要素及编制方法	1. 高速铁路运行的一般要求； 2. 高速铁路运行图的基本知识； 3. 高速铁路运行图的编制方法	过程与期终考核	2
2	客流组织	1.1.4 1.3.6	1. 掌握经济增长对旅客运输市场需求的影响； 2. 理解各种运输方式客运分担率的计算； 3. 了解高速铁路市场调查的方法和意义； 4. 理解高速铁路客流的特点； 5. 了解国外客流组织的方案和旅客列车开行方案设计及优化	1. 高速铁路客运需求分析； 2. 客运市场调查； 3. 高速铁路客流特点； 4. 国外高速铁路客流组织； 5. 高速铁路旅客列车开行方案设计及优化	过程与期终考核	2
3	车站工作组织	1.1.4 1.3.6	1. 掌握高速铁路车站的作用和分类； 2. 理解高速铁路客运行车设备的布置和车站作业特点； 3. 理解高速铁路客运站技术作业的内容、接发列车作业和调车作业； 4. 了解高速铁路车站客运工作组织的相关内容； 5. 了解日本东京站设备与工作组织的现状	1. 高速铁路车站设备； 2. 高速铁路客运站技术作业组织； 3. 高速铁路客运工作组织； 4. 日本东京设备与工作组织	过程与期终考核	2
4	综合运输计划	1.1.4 1.3.6	1. 理解动车组运用与管理规程； 2. 重点理解动车组乘务员应用计划； 3. 全面了解车站作业计划的编制流程	1. 动车组运用计划； 2. 乘务员运用计划； 3. 车站作业计划	过程与期终考核	4

续表

序号	学习任务	职业能力	知识、技能、态度要求	教学活动设计	评价	学时
5	通过能力	1.1.4 1.3.6	1. 掌握追踪间隔时间的计算方法； 2. 理解高速铁路区间通过能力的影响因素； 3. 理解高速铁路区间通过能力的扣除系数法和最小间隔法； 4. 理解高速铁路车站通过能力的计算方法	1. 高速铁路追踪间隔时间； 2. 高速铁路区间通过能力计算； 3. 高速铁路区间通过能力的扣除系数法； 4. 高速铁路车站通过能力	过程与期终考核	4
6	调度指挥	1.1.4 1.3.6	1. 了解日本、法国和德国的高速铁路调度系统； 2. 了解高速铁路调度指挥的特点； 3. 理解我国高速铁路运营调度系统的组成和功能； 4. 掌握高速铁路调度调整的理论与方法； 5. 了解恶劣天气条件下列车运行调整方案	1. 世界各国高速铁路的调度系统； 2. 高速铁路调度指挥特点； 3. 我国高速铁路运营调度系统设计； 4. 高速铁路调度调整的理论与方法； 5. 恶劣天气条件下列车运行调整	过程与期终考核	4
7	高速铁路综合维修组织	1.1.4 1.3.6	1. 掌握高速铁路综合维修的作用、种类及要求； 2. 了解高速铁路综合维修对运输组织的影响； 3. 掌握高速铁路综合维修的组织与管理	1. 高速铁路综合维修的种类及要求； 2. 高速铁路综合维修对运输组织的影响； 3. 高速铁路综合维修的组织与管理	过程与期终考核	2
8	非正常情况下的行车组织（一）	1.1.4 1.3.6 1.4.4	1. 掌握列控车载设备不能正常使用时的行车组织原则、方法及流程，LKJ、GYK、机车信号故障，CTC 故障时的行车组织原则、方法及流程； 2. 掌握进站（出站、进路）信号机、线路所通过信号机故障或出站（线路所）道岔失去表示、轨道电路非列车占用红光带、区间通过信号机故障或闭塞分区轨道电路非列车占用红光带（异物侵限报警红光带除外）； 3. 站内轨道电路分路不良时的行车组织原则、方法及流程； 4. 掌握列车占用丢失时的行车组织原则、方法及流程	1. 列控车载设备不能正常使用； 2. LKJ、GYK、机车信号故障； 3. CTC 故障； 4. 进站（出站、进路）信号机、线路所通过信号机故障或出站（线路所）道岔失去表示、轨道电路非列车占用红光带、区间通过信号机故障或闭塞分区轨道电路非列车占用红光带（异物侵限报警红光带除外）； 5. 站内轨道电路分路不良； 6. 列车占用丢失	过程与期终考核	4

续表

序号	学习任务	职业能力	知识、技能、态度要求	教学活动设计	评价	学时
9	特殊情况下的行车组织（二）	1.1.4 1.3.6 1.4.4	1. 掌握双向区间反方向停车、动车组被迫停车后的行车组织原则、方法及流程； 2. 掌握动车组在区间退行、返回时的行车组织原则、方法及流程； 3. 掌握列车占用丢失时的行车组织原则、方法及流程； 4. 掌握列车分部运行、列车占用丢失时的行车组织原则、方法及流程； 5. 掌握列车冒进信号机、动车组运行晃车、动车组停在接触网分相无电区、动车组碰撞异物、动车组发生火灾、爆炸时的行车组织原则、方法及流程	1. 双向区间反方向停车； 2. 动车组被迫停车后的处理； 3. 动车组在区间退行、返回； 4. 列车分部运行； 5. 列车冒进信号机、动车组运行晃车； 6. 动车组停在接触网分相无电区； 7. 动车组碰撞异物； 8. 动车组发生火灾、爆炸	过程与期终考核	4
10	行车信号	1.1.4 1.3.6	掌握色灯信号机、车载信号、移动信号、无线调车灯显信号、手信号、信号表示器、线路标志及信号标志、线路安全保护标志、动车组列车标志、听觉信号的内容及含义	1. 色灯信号机、车载信号； 2. 移动信号、无线调车灯显信号、手信号； 3. 信号表示器、线路标志及信号标志、线路安全保护标志、动车组列车标志；听觉信号	过程与期终考核	4
11	实训项目一：高速铁路行车信号的正确使用	1.1.4 1.3.6 1.4.4	通过练习手信号的正确使用，加深对高速铁路行车信号的理解和掌握	手信号的正确使用	过程与期终考核	4
12	手比及呼唤应答标准	1.1.4 1.3.6	1. 熟练掌握动车组司机手比时机及手比项目； 2. 熟练掌握动车组司机与随车机械师之间呼唤应答标准； 3. 熟练掌握动车组司机与行车调度之间实行车机联控标准用语	1. 动车组司机手比作业标准； 2. 动车组司机呼唤应答标准； 3. 动车组司机车机联控标准用语	过程与期终考核	4
13	实训项目二：车机呼唤应答	1.1.4 1.3.6	通过练习，使得学生掌握动车组运用作业时，司机与随车机械师之间的呼唤应答	学生练习司机与机械师间的呼唤应答	过程与期终考核	4
14	特殊情况下的行车	1.1.4 1.3.6 1.4.4	1. 掌握列车无线调度通信设备故障接触网停电、接触网上挂有异物、受电弓挂有异物、运行途中自动降弓、自动过分相地面设备故障、动车组列车空调失效、动车组运行途中车辆故障时的行车组织原则、方法及流程； 2. 掌握列车占用丢失时的行车组织原则、方法及流程	1. 列车无线调度通信设备故障； 2. 接触网停电； 3. 接触网上挂有异物； 4. 受电弓挂有异物； 5. 运行途中自动降弓； 6. 自动过分相地面设备故障； 7. 动车组列车空调失效、动车组运行途中车辆故障	过程与期终考核	4

3.12.6 教学实施

1. 教学建议

重视实践教学环节，按工作任务或项目组织教学，精选学习项目和真实训练项目，把握本课程的知识点和技能点。采用精讲多练的教学方法，立足于培养学生的综合职业能力、严谨的工作作风和良好的职业素养。

2. 教材选用与编写

教材选取的原则：新颖、全面。

推荐教材：中国铁路总公司主编，中国铁道出版社《高速铁路行车组织基础》。

参考的教学资料：彭乾炼主编，西南交通大学出版社《铁路行车组织》。

3. 教学资源

（1）完整的教案、讲稿，配套的课程 PPT。

（2）具有完善的实验、实训设备，能完成所有课程相关的实践教学。

（3）有中央财政建设的专业实训基地，能满足专业教学与实践活动的开展。

（4）本课程行车规章内容主要涉及《动车组运用维修规程》《铁路技术管理规程》《车站行车工作细则》，结合行车组织内容开展教学，不单独讲解。

（5）本课程采用多媒体教学法，结合铁路开展行车组织实际情况进行教学。

（6）本课程实训项目结合教学进行，以学生切实掌握铁路的现场行车组织的开展为目的。

（7）本课程为学生顶岗实习的开展奠定基础。

3.12.7 训练项目设计

本课程训练项目应包括列车运行图的铺划、车机呼唤应答、高速铁路行车信号的正确使用等基本操作，学校应根据产业特点、就业岗位和国内外合作企业，参照下列训练项目示例合理设计训练项目。

1. 训练项目示例一：车机呼唤应答

1）项目描述

呼唤应答时铁路现场经常使用的交流方式，准确的呼唤应答可以避免许多不必要的误解。该项目旨在教会学生正确使用呼唤应答属术语。

2）训练要求

穿戴作业服，学会正确进行车机呼唤应答。

2. 训练项目示例二：高速铁路行车信号的正确使用

1）项目描述

高速铁路行车信号是高速铁路安全行车的保证，掌握行车信号的正确使用方法、使用范围及使用方式，是高速铁路司乘人员、机械师必须掌握的主要内容。该项目旨在教会学生正确识别和给予行车信号。

2）训练要求

穿戴作业服，学会识别和给予行车信号。

3.12.8　课程考核

1. 考核内容

本课程考核内容包括理论部分考核、实践部分考核和平时成绩考核三部分，理论部分考核为笔试，实践部分考核为现场操作考核，平时成绩考核为平时作业、考勤和期中考试等。

2. 成绩评定

《高速铁路行车组织与规章》是动车组方向的专业拓展课程，课程考核采用闭卷方式。实践由教师决定考核方式。如下表。

<table>
<tr><th>序号</th><th colspan="3">名　称</th><th>考查课</th></tr>
<tr><td rowspan="4">1</td><td rowspan="4">理论部分考核</td><td rowspan="2">考试</td><td>平时成绩</td><td>15%</td></tr>
<tr><td>试卷成绩</td><td>60%</td></tr>
<tr><td colspan="2">作业成绩</td><td>10%</td></tr>
<tr><td colspan="2">小　计</td><td>85%</td></tr>
<tr><td>2</td><td>实践部分考核</td><td colspan="2">教师根据现场教学情况给予成绩</td><td>15%</td></tr>
</table>

3. 评分要点与评分标准

序号	教学单元	考核知识点及要求	考核比例
1	高速铁路列车运行图	基本要求，列车运行图构成要素及编制方法	5%
2	客流组织	高速铁路客流特点，高速铁路旅客列车开行方案设计及优化	5%
3	车站工作组织	高速铁路车站设备，高速铁路客运站技术作业组织，高速铁路客运工作组织	5%
4	综合运输计划	动车组运用计划；乘务员运用计划；车站作业计划	5%
5	通过能力	高速铁路追踪间隔时间；高速铁路区间通过能力计算；高速铁路区间通过能力的扣除系数法	5%
6	行车调度指挥	高速铁路调度指挥特点；我国高速铁路运营调度系统设计；高速铁路调度调整的理论与方法；恶劣天气条件下列车运行调整	5%
7	高速铁路综合维修组织	高速铁路综合维修的种类及要求；高速铁路综合维修对运输组织的影响；高速铁路综合维修的组织与管理	5%

续表

序号	教学单元	考核知识点及要求	考核比例
8	非正常情况下的行车组织	行车设备故障时行车组织原则；区间出现非正常情况的行车组织原则	10%
9	行车信号	行车色灯信号显示种类及显示意义；行车手信号显示种类及意义；听觉信号显示种类及意义	20%
10	手比及呼唤应答标准	呼唤应答标准；车机联控标准；手比标准	20%
11	特殊情况下的行车	行车设备故障时司机与随车机械师应急处置办法；区间特殊情况下司机与随车机械师应急处置办法	15%
12	合　计		100%

4 国际化素养课程标准

4.1 世界高铁概况

4.1.1 课程概述

（1）课程名称：世界高铁概况。
（2）课程性质：专业拓展课。
（3）参考学时：28 学时。
（4）参考学分：1 学分。

4.1.2 课程性质和任务

本课程是动车组检修技术专业的国际化素养课程，是必修课。其任务是：世界主要开通高速铁路国家的发展历程及规划，掌握世界各国主要有哪些高铁制造企业，掌握中国、德国、日本、法国、加拿大、美国等高速铁路运行国的开通运行线路及管理办法等，了解各国高速铁路的特点和区别。内容包括世界各国高速铁路发展历程、主要高铁制造企业、高速铁路运行国家的开通运行线路及管理办法等。

4.1.3 课程目标

1. 知识目标

（1）世界高速铁路发展历程及规划。
（2）世界高速铁路动车组生产制造企业。
（3）世界主要开通运行的高速铁路线路。
（4）世界高速动车组动力配置方式。
（5）世界高速动车组不同车型的车体、车端连接装置、转向架、牵引传动系统、制动系统、控制系统等。
（6）世界高速铁路的特点和区别。
（7）世界高速铁路管理办法。

2. 能力目标

（1）动车组车型识别能力。

（2）了解世界各国高速铁路施工现状和发展趋势。

（3）掌握世界上有哪些高速铁路动车组生产制造企业。

（4）熟悉世界主要开通运行的高速铁路线路。

（5）掌握世界高速动车组动力配置方式。

（6）掌握世界高速动车组的不同车型。

（7）掌握世界高速铁路管理办法。

（8）了解世界高速铁路线路及动车组的特点、区别。

3. 素质目标

（1）资料收集整理，获取信息的能力。

（2）制定、实施工作计划的能力。

（3）独立学习能力和决策能力。

（4）检查、判断能力。

（5）沟通协调、语言表达能力。

（6）勤于思考、做事认真的良好作风。

（7）自我拓展学习本专业的新技术、新工艺的能力。

（8）责任心与职业道德。

（9）利用所学知识掌握新知识、新技术的能力。

（10）能符合境内外企业的用人需求，能适应境内外企业间的交流，能够在境内外企业任职。

4.1.4 课程设计思路

根据职业能力标准，以重点职业能力为依据确定课程目标，依据职业能力整合所需的相关知识和技能，设计课程内容，以工作任务为载体构建“能力递进”课程。

课程结构以就业岗位对就业人员知识、技能的需求取向，构建世界高速铁路发展历程及规划、世界高速铁路动车组生产制造企业、主要开通运行线路、世界高速动车组不同车型、动车组动力配置方式、世界高速铁路的特点和区别、世界高速铁路管理办法等知识结构和能力结构，形成相应的职业能力。

4.1.5 课程教学设计

序号	学习任务	职业能力	知识、技能、态度要求	教学活动设计	评价	学时
1	世界高速铁路发展历程及规划	1.1.2 1.1.4 2.1.2	1. 掌握世界高速铁路发展历程及规划； 2. 重点掌握世界各国高速动车组主要技术特点、组成、特点及识别	1. 中国 CRH、中国台湾 THSR、日本新干线、法国 TGV、德国 ICE、西班牙 AVE、意大利高速铁路、韩国 KTX、英国 HST、土耳其高铁的发展历程及规划； 2. 各国高速动车组主要技术特点组成、特点及识别	课堂提问、陈述、作业考核	8
2	世界主要高铁制造企业概况	1.1.2 1.1.4 2.1.2	掌握世界各地主要高铁制造企业特点及其优势和劣势	中国中车、德国西门子、日本川崎重工、法国阿尔斯通、加拿大庞巴迪等主要高铁制造企业的各子系统结构、功能、特点，对比其优劣势	课堂提问、陈述、作业考核	6
3	世界高铁主要运营国家线路	1.1.2 1.1.4 2.1.2	1. 了解世界高铁主要运营国家线路规划； 2. 掌握不同国家高铁运营特点	中国、德国、日本、法国、加拿大、意大利、英国、美国等国家高铁线路规划及已开通运行的主要线路	课堂提问、陈述、作业考核	8
4	世界高铁运营管理办法	1.1.2 1.1.4 2.1.2	1. 掌握高速铁路运行国家的管理办法； 2. 了解各国高速铁路的特点和区别	中国、德国、日本、法国、加拿大、意大利、英国、美国等国家高铁运营管理办法，各国高速铁路的特点和区别	课堂提问、陈述、作业考核	6

4.1.6 教学实施

1. 教学建议

重视实践教学环节，按工作任务或项目组织教学，精选学习项目和真实训练项目把握本课程的知识点和技能点。采用精讲多练的教学方法，立足于培养学生的综合职业能力、严谨的工作作风和良好的职业素养。

2. 教材选用与编写

教材选取的原则：新颖、全面。

推荐教材：佟立本主编，中国铁道出版社《高速铁路概论（第四版）》。

参考的教学资料：高铁见闻著，湖南文艺出版社《高铁风云录》；高铁见闻著，湖南科技出版社《大国速度》。

3. 教学资源

（1）完整的教案、讲稿，配套的课程 PPT。

（2）具有完善的实验、实训设备，能完成所有课程相关的实践教学。

（3）理论教学应注重理论、实际结合，应该将理论概述内容讲解、现场情景有机结合，同时，尽可能为学生提供接触实景的机会，提高教学效果。

（4）教学、考核、反馈是教学过程的重要组成，及时反馈可使学生及时了解学习效果。在课堂上适当进行形式多样的考核，并及时讲评，有利于提高教学质量。

（5）为了发挥学生的主观能动性，提高学生的职业素质，教师可将一些简单的、雷同的内容分配给学生，要求学生以组为单位完成预习、实践，甚至上台给其他组讲解，并能回答其他同学的提问，最后由教师给予全面总结。

（6）采用视听多媒体教学法开阔学生思维，多提问、多讨论，激发学生强烈的学习兴趣。

4.1.7 课程考核

1. 考核内容

本课程考核内容包括理论部分考核和平时成绩考核两部分，理论部分考核为笔试，平时成绩考核为平时作业、考勤和期中考试等。

2. 成绩评定

序号	名称		考核比例
1	理论部分考核	期末考试（闭卷，统考）	60%
2	平时成绩	过程记录（考勤、作业、期中考试、6S 管理等）	40%
3	总评		100%

3. 评分要点与评分标准

序号	教学单元	考核的知识点及要求	考核比例
1	世界高速铁路发展历程及规划	中国 CRH、中国台湾 THSR、日本新干线、法国 TGV、德国 ICE、西班牙 AVE、意大利高速铁路、韩国 KTX、英国 HST、土耳其高铁的发展历程及规划，各国高速动车组主要技术特点组成、特点及识别	20%
2	世界主要高铁制造企业概况	中国中车、德国西门子、日本川崎重工、法国阿尔斯通、加拿大庞巴迪等主要高铁制造企业的各子系统结构、功能、特点，对比其优劣势	30%
3	世界高铁主要运营国家线路	中国、德国、日本、法国、加拿大、意大利、英国、美国等国家高铁线路规划及已开通运行的主要线路	30%
4	世界高铁运营管理办法	中国、德国、日本、法国、加拿大、意大利、英国、美国等国家高铁运营管理办法，各国高速铁路的特点和区别	20%
合计			100%

4.2 境外服务英语（商务）

4.2.1 课程性质与任务

1. 课程性质

《境外服务英语（商务）》是动车组检修技术专业的一门国际化素养课程，主要培养学生运用英语进行商务交流及英语翻译等能力，也是对学生今后开展国际化服务工作来说最核心的一门课程。

2. 课程任务

该课程主要针对动车组运用与检修技术人员，培养学生运用英语进行商务、技术交流及英语翻译等能力，让他们能够基本读懂各类商务文件，技术标准并能运用各种翻译技能技巧对商务语言进行英汉互译，最终培养学生使其在实际工作岗位上能比较准确、规范地进行各类商务文件、售后服务的阅读理解和英汉互译的实际能力；同时培养学生现场工作效率与质量、团队合作等意识。

4.2.2 课程教学目标

1. 知识目标

（1）掌握商务英语文件的阅读技巧。

（2）掌握基本的英汉互译方法。

（3）掌握商务英语文体的英汉互译方法。

2. 能力目标

（1）初步具备基本商务文件的阅读及翻译能力。

（2）培养学生谦虚、好学的能力。

（3）培养学生勤于思考、做事认真的良好作风。

（4）培养学生分析问题、解决问题的能力。

（5）培养学生独立学习能力和决策能力。

（6）培养学生使其具有阅读有关英语技术资料的能力。

（7）培养学生自我拓展学习本专业的新技术、新工艺，获取新知识的能力。

3. 素质目标

（1）培养学生的沟通能力及团队协作精神。

（2）培养学生良好的职业道德。

（3）培养学生勇于创新、敬业乐业的工作作风。

（4）培养学生的质量意识、安全意识。

（5）培养学生使其有较强的表达能力、沟通能力、组织实施能力。

4.2.3 教学内容结构

根据动车组检修技术专业对境外服务人员的国际服务素养的要求，将本课程的教学内容分解为：商务英语概述、词汇翻译、一般句子翻译、特殊句子翻译、信函阅读及翻译、说明书阅读及翻译、信用证阅读及翻译、合同阅读及翻译、实践模块等。

4.2.4 教学内容与要求

1. 理论课程

序号	学习任务	职业能力	知识、技能、态度要求	考学活动设计	评价	学时
1	商务服务英语概述模块	2.1.2	1. 领会外贸英语翻译标准； 2. 了解外贸英语翻译基本原则	1. 商务英语特点； 2. 翻译标准； 3. 翻译原则	课堂提问 作业考核	8
2	词汇翻译模块	2.1.2	1. 掌握外贸英语词语翻译方法； 2. 灵活运用词语翻译方法	1. 如何选词、增词法、减词法； 2. 词序调整、词语反译、词类转换； 3. 数字翻译	课堂提问 作业考核	8
3	一般句子翻译模块	2.1.2	1. 掌握一般句子翻译方法； 2. 灵活运用句子翻译方法	1. 句子成分转译、句子结构转换； 2. 反译法、顺译法、逆序法、分句法、合句法	课堂提问 作业考核	10
4	特殊句子翻译模块	2.1.2	1. 掌握英语特殊句子翻译方法； 2. 灵活运用特殊句子翻译方法	1. 定语从句翻译、名词从句翻译、状语从句翻译； 2. 被动句翻译、否定句翻译	课堂提问 作业考核	10
5	外贸合同阅读及翻译	2.1.2	1. 了解外贸英文信函、合同特点； 2. 掌握翻译要点	1. 外贸信函特点； 2. 外贸英文合同翻译要点	课堂提问 作业考核 情境练习	10
6	动车相关产品说明书阅读及翻译	2.1.2	1. 掌握翻译方法； 2. 熟悉具体说明书翻译	1. 翻译方法； 2. 动车产品说明书翻译； 3. 工艺标准说明书翻译	课堂提问 作业考核 情境练习	12
7	售后条款及翻译	2.1.2	掌握运用售后条款翻译方法	1 词语翻译； 2. 句子翻译	课堂提问 作业考核 情境练习	10
8	合同阅读及翻译	2.1.2	1. 熟悉合同翻译原则； 2. 了解翻译步骤、掌握运用翻译方法	1. 合同翻译原则； 2. 合同翻译步骤； 3. 合同翻译方法	课堂提问 作业考核 情境练习	10

2. 实践课程

序号	学习任务	职业能力	知识、技能、态度要求	考学活动设计	评价	学时
1	商务公司资料阅读及翻译	2.1.2	熟练翻译外贸公司资料	1. 公司文化； 2. 公司介绍； 3. 公司宣传； 4. 公司新闻	课堂提问 作业考核 模拟演练	1
2	商务会展资料阅读及翻译	2.1.2	熟练翻译会展资料	1. 会展介绍； 2. 会展广告	课堂提问 作业考核 模拟演练	1
3	商务函电翻译	2.1.2	熟练翻译各种外贸函电	1. 询盘函； 2. 还盘函； 3. 订单确认函； 4. 投诉函	课堂提问 作业考核 模拟演练	1
4	售后合同翻译	2.1.2	熟练翻译合同全文	英文售后合同翻译	课堂提问 作业考核 模拟演练	2
5	外贸合同翻译	2.1.2	熟练翻译信用证	英文合同翻译	课堂提问 作业考核 模拟演练	1

4.2.5 教学实施

1. 教学时数安排建议

《境外服务英语（商务）》课程安排于第一、二学期，教学时数共计 84，其中理论课程 78 时，实践课程 6 时。

2. 教学建议

本课程为后继课程《境外服务英语（听说）》《境外服务英语（写作）》奠定基础。

3. 教材编写与选用建议

教材选取的原则：新颖、全面、实用。

推荐教材：陈准民主编，高等教育出版社（普通高等教育 115 国家级规划教材）汉译英《商务英语翻译》；李明主编，高等教育出版社（125 普通高等教育本科国家级规划教材）汉译英《商务英语翻译》。

参考的教学资料：许建平主编，清华大学出版社《英汉互译实践与技巧》；梅德明主编，高等教育出版社《新编商务英语翻译》。

4.2.6 考核与评价

1. 考核目的和功能

通过考核检查学生对所学课程知识的掌握情况，检查学生运用所学知识分析问题、解决问题的能力；考核学生对商务英语翻译、词汇、一般句子翻译、特殊句子翻译、信函阅读及翻译、说明书阅读及翻译、信用证阅读及翻译、合同阅读及翻译等知识的掌握情况。

2. 考核原则

<table>
<tr><th>序号</th><th colspan="2">考核项目</th><th>考核方法</th><th>成绩比例（%）</th></tr>
<tr><td rowspan="2">1</td><td rowspan="2">过程考核</td><td>态度纪律</td><td>根据上课考勤情况，由教师和学生干部评定纪律得分；
根据课堂活动、课堂实践示范情况、作业完成情况，由教师和学生干部综合评定学习态度的得分</td><td>20%</td></tr>
<tr><td>实践考核</td><td>每个实践项目都同步进行测试，每完成一个实践项目即进行实践考核</td><td>40%</td></tr>
<tr><td>2</td><td>阶段考核</td><td>期末考试</td><td>每学期期末进行一次理论测试，测试内容选为除实践环节外的所有教学内容</td><td>40%</td></tr>
<tr><td colspan="4">合　计</td><td>100%</td></tr>
</table>

3. 考核方法

<table>
<tr><th>名称编号</th><th>考核点</th><th>考核方式</th><th>及格（60～69）</th><th>良好（70～85）</th><th>优秀（86～100）</th><th>成绩比例（%）</th></tr>
<tr><td rowspan="3">商务英语翻译概念</td><td>商务英语特点</td><td rowspan="22">笔试</td><td rowspan="22">语义基本准确；表述基本清楚；文体基本得体</td><td rowspan="22">语义准确；表述清楚；文体得体</td><td rowspan="22">语义准确；译语流畅；文体得体</td><td rowspan="3">10%</td></tr>
<tr><td>商务英语翻译标准</td></tr>
<tr><td>商务英语翻译原则</td></tr>
<tr><td rowspan="7">词汇</td><td>如何选词</td><td rowspan="7">20%</td></tr>
<tr><td>增词法</td></tr>
<tr><td>减词法</td></tr>
<tr><td>词序调整</td></tr>
<tr><td>词语反译</td></tr>
<tr><td>词类转换</td></tr>
<tr><td>数字翻译</td></tr>
<tr><td rowspan="7">一般句子翻译</td><td>句子成分转译</td><td rowspan="7">20%</td></tr>
<tr><td>句子结构转换</td></tr>
<tr><td>反译法</td></tr>
<tr><td>顺译法</td></tr>
<tr><td>逆序法</td></tr>
<tr><td>分句法</td></tr>
<tr><td>合句法</td></tr>
<tr><td rowspan="5">特殊句子翻译</td><td>定语从句翻译</td><td rowspan="5">10%</td></tr>
<tr><td>名词从句翻译</td></tr>
<tr><td>状语从句翻译</td></tr>
<tr><td>被动句翻译</td></tr>
<tr><td>否定句翻译</td></tr>
</table>

续表

名称编号	考核点	考核方式	及格（60～69）	良好（70～85）	优秀（86～100）	成绩比例（%）
外贸销售合同及翻译	外贸销售合同特点	笔试	语义基本准确；表述基本清楚；文体基本得体	语义准确；表述清楚；文体得体	语义准确；译语流畅；文体得体	10%
	外贸销售合同翻译要点					
动车相关产品说明书阅读及翻译	翻译方法					10%
	产品说明书翻译					
	技术规范翻译					
	使用说明翻译					
信用证阅读及翻译	词语翻译					10%
	句子翻译					
合同阅读及翻译	合同翻译原则					10%
	合同翻译步骤					
	合同翻译方法					
合　计	100%					

4.3 境外服务英语（听说）

4.3.1 课程性质与任务

1. 课程性质

《境外服务英语（听说）》是动车组检修技术专业的一门国际化素养课程，主要培养学生运用英语进行听及交流的能力，也是学生开展国际化服务工作最核心的一门课程。

2. 课程任务

本课程以训练学生听说能力为目标，将日常及商务等场景嵌入到课堂中进行分析讲解，所有理论知识都在听说训练的过程中得以掌握和实践提高。学生通过听说学习与训练，能达到正常交流中英语信息的听说水平。

4.3.2 课程教学目标

1. 知识目标

（1）熟悉特定日常生活工作中涉及的英文表达词汇句型。

（2）掌握正常的英语语音语调的发音。

（3）熟悉特定商务工作情境中涉及的英文表达词汇句型。

（4）熟练掌握动车组专业英语和口语表达的基础知识。
（5）掌握商务英语口语交流的相关知识。

2. 能力目标

（1）学生拥有能熟练地进行日常英语听说的能力。
（2）学生拥有能熟练地进行动车组专业英语听力理解能力。
（3）学生拥有能在特定商务背景下熟练地进行英语听说的能力。

3. 素质目标

（1）培养学生的沟通能力及团队协作精神。
（2）培养学生拥有良好的职业道德。
（3）培养学生勇于创新、敬业乐业的工作作风。
（4）培养学生的质量意识、安全意识。
（5）有较强的表达能力、沟通能力、组织实施能力。

4.3.3 教学内容结构

根据动车组检修技术专业职业岗位对境外服务人员的国际服务素养的要求，将本课程的教学内容分解为日常情境听力模块、商务情境听力模块、基础口语训练、商务英语口语交流四个模块。

4.3.4 教学内容与要求

1. 日常情境听力模块

序号	学习任务	职业能力	知识、技能、态度要求	考学活动设计	评价	学时
1	日常情境听力模块： 1. 特定日常听力背景知识； 2. 特定日常听力训练任务； 3. 特定日常听力拓展； 4. 特定语音语调的练习	2.1.2	1. 熟悉特定日常生活工作中涉及的英文表达词汇句型； 2. 能够听懂并完成特定日常生活工作情境中的英文对话及描述； 3. 掌握正常的英语语音语调的发音； 4. 能够进行正常的日常情境下的交流并获取英文信息	1. 日常会面打招呼； 2. 闲聊的主题； 3. 数字信息； 4. 服饰交流； 5. 世界礼仪； 6. 时间日期； 7. 自由活动； 8. 电影娱乐； 9. 家庭； 10. 约会； 11. 科学知识； 12. 海外求学； 13. 五观描述； 14. 迷信； 15. 健康； 16. 价值； 17. 风景风光； 18. 广告	课堂提问 作业考核 情境练习	14

续表

序号	学习任务	职业能力	知识、技能、态度要求	考学活动设计	评价	学时
2	商务情境听力模块： 1. 特定商务情境动车组专业知识介绍； 2. 特定商务情境的动车组专业英语听力任务； 3. 特定商务情境听力任务拓展	2.1.2	1. 熟悉特定商务工作情境中涉及的英文表达词汇句型； 2. 能够听懂并完成动车组专业情境中的英文对话及描述； 3. 能进行正常的商务情境下的交流并获取英文信息	1. 商务会面与介绍； 2. 公司介绍、工作地点及场所介绍； 3. 接打商务电话； 4. 面试； 5. 工作计划与安排； 6. 商务旅行； 7. 邀请； 8. 商务日常工作； 9. 解决处理投诉； 10. 产品描述	课堂提问 作业考核 情境练习	14
3	基础口语训练： 1. 语音训练； 2. 英语基础知识训练； 3. 日常英语口语基本技能训练； 4. 口语实践	2.1.2	1. 准确朗读容易混淆的音素； 2. 能够熟练运用快速语流中的连读、爆破、弱读等音变技巧，读准句子的重音和语调； 3. 准确朗读易混淆的词汇； 4. 熟练掌握语法知识； 5. 熟练掌握句型和口语表达	1. 语音音素、音变现象、重音和语调等； 2. 单词和短语的正确发音； 3. 语法知识串讲； 4. 常用句型和口语习惯表达	课堂提问 作业考核 情境练习	14
4	商务英语口语交流： 1. 文化背景知识了解； 2. 商务英语口语基本技能训练； 3. 商务英语口语实践	2.1.2	1. 掌握相关文化背景知识； 2. 掌握商务英语口语交流相关技能； 3. 能进行对话交流，提高商务英语口语表达水平； 4. 顺畅地对进行动车组及相关产品进行英文介绍及翻译	1. 英语国家的文化介绍； 2. 商务英语口语技能讲解； 3. 商务英语口语练习； 4. 动车组专业专业英语的表达和翻译	课堂提问 作业考核 情境练习	14

4.3.5 教学实施

1. 教学时数安排建议

《境外服务英语（听说）》课程安排于第三学期，教学时数共计 56 课时，其中理论课程 42 课时，实践课程 14 课时。

2. 教学建议

本课程的前续课程有《公共英语》《境外服务英语（商务）》，学生已基本掌握商务英语的基础知识。

本课程为后继课程《境外服务英语（写作）》奠定基础。

3. 教材编写与选用建议

教材选取的原则：新颖、全面。

推荐教材：刘一平主编，北京大学出版社《商务英语口语》（21 世纪全国高职高专国际贸易类规划教材）。

参考的教学资料：亚历山大（英）、何其莘主编，外语教学与研究出版社《新概念英语 2》。

4.3.6 考核与评价

1. 考核目的和功能

通过考核检查学生对所学课程知识的掌握情况，检查学生运用所学知识分析问题、解决问题的能力；提高学生听力理解、口语表达、课外实践等能力。培养学生创新能力、团队沟通与协作能力。

2. 考核原则

编号	知识点	考核标准			考核比例（%）
		优	良	及格	
1	听力理解	准确无误地完成 85%的听力练习	能完成 70%的听力练习	基本能完成 60%的听力练习	40%
2	口语表达	准确无误地完成 85%的口语练习	能完成 70%的口语练习	基本能完成 60%的口语练习	40%
3	课外实践	能很好地自主完成课外任务，积极拓展听说练习	能较好地单独完成课外任务，较积极地拓展听说练习	能单独完成课外任务，拓展听说练习	20%
合　计					100

3. 考核方法

序号	考核项目		考核方法	成绩比例（%）
1	过程考核	态度纪律	根据上课考勤情况，由教师和学生干部评定纪律得分； 根据课堂活动、课堂实践示范情况、作业完成情况，由教师和学生干部综合评定学习态度的得分	20%
		项目考核	每个项目都配套有听力或口语测试，每完成一个项目学习即进行项目考核	50%
2	阶段考核	期末考试	学期末对本学期听说项目进行一次总结性测试，测试内容选取本学期听说项目进行统一测试	30%
合　计				100%

4.4 境外服务英语（写作）

4.4.1 课程性质与任务

1. 课程性质

《境外服务英语（写作）》是动车组检修技术专业的一门国际化素养课程，主要培养学生运用英语进行写作交流的能力，对学生今后开展国际化服务工作来说也是一门最核心的课程。

2. 课程任务

本课程旨在帮助学生了解商务英语函电的基本写作知识和应用特点，培养学生掌握商务信函的写作技能，其中包括书写通俗易懂、实用高效的商务信函；使用规范的函电格式处理相关外贸业务等。该课程有助于培养具有较高英语水平及国际贸易业务操作能力的复合型实用人才。

4.4.2 课程教学目标

1. 知识目标

（1）掌握英文宣传简章的语体特征。

（2）掌握日常业务各类函电的格式和语体特征。

（3）掌握询函、报盘、订购、通函、确认、催促、投诉、索赔等各类商务信函的格式、语体特征。

（4）掌握英文合同的格式、组织结构和语体特征。

（5）掌握动车组及相关产品的英文翻译、商务沟通和写作能力。

2. 能力目标

（1）能独立完成日常业务各类函电的撰写工作。

（2）能独立完成英文宣传简章的撰写工作。

（3）能独立完成询函、报盘、订购、通函、确认、催促、投诉、索赔等各类商务信函的撰写工作。

（4）能独立完成动车组产品销售英文合同的签订工作。

3. 素质目标

（1）培养学生的沟通能力及团队协作精神。

（2）培养学生良好的职业道德。

（3）培养学生勇于创新、敬业乐业的工作作风。

（4）培养学生的质量意识、安全意识。

（5）有较强的表达能力、沟通能力、组织实施能力。

4.4.3 教学内容结构

根据动车组检修技术专业对境外服务人员的国际服务素养的要求，将本课程的教学内容分解为日常商务信函写作和外贸业务信函写作模块。

4.4.4 教学内容与要求

序号	学习任务	职业能力	知识、技能、态度要求	考学活动设计	评价	学时
1	日常商务信函写作 1. 会务文书 2. 日常业务 3. 外事文书 4. 对外宣传材料	2.1.2	1. 了解会务文书格式、组织结构与语体方面的特征能熟练运用； 2. 熟练掌握日常业务各类函电的格式和语体特征并能独立完成撰写工作； 3. 了解涉外公函、报告等的特征及与中文的差异； 4. 掌握英文宣传简章的语体特征，能独立撰写	1. 会议通知、议程、记录、纪要、决议、备忘录、报告等； 2. 各类函电、各类办公便条等涉外公函、报告等； 3. 学校、单位、部门宣传简章	课堂提问 作业考核 情境练习	14
2	外贸业务信函写作 1. 进出口流程函电 2. 销售合同与协议书 3. 外贸单据与信用证	2.1.2	1. 了解询函、报盘、订购、通函、确认、催促、投诉、索赔等各类商务信函的格式、语体特征以达到书写通俗易懂、实用高效的商务信函的学习目的； 2. 熟练掌握英文合同的格式、组织结构和语体特征，能签订英文合同； 3. 了解商务单据和信用证的格式与语体特征等能独立制订商务和开立信用证	1. 询函、报盘、订购、通函、确认、催促、投诉、索赔等； 2. 合同签订； 3. 单据的制订和信用证的开立	课堂提问 作业考核 情境练习	14

4.4.5 教学实施

1. 教学时数安排建议

《境外服务英语（写作）》课程安排于第四学期，教学时数共计 28 课时，其中理论课程 14 课时，实践课程 14 课时。

2. 教学建议

本课程的前续课程有《公共英语》《境外服务英语（商务）》《境外服务英语（听说）》，学生已基本掌握商务英语的基础知识和英语听说的基本技能。

本课程为后继课程《顶岗实习》奠定基础。

3. 教材编写与选用建议

教材选取的原则：新颖、全面。

推荐教材：傅似逸主编，北京大学出版社《高校英语应用文写作教程》。

参考的教学资料：国际商会 ICC 制订，中信出版社《2000 年国际贸易术语解释通则》。

4.4.6 考核与评价

1. 考核目的和功能

通过考核检查学生对所学课程的知识掌握情况，检查学生运用所学知识分析问题、解决问题的能力；培养学生创新能力、团队沟通与协作能力。

2. 考核原则

考核点	考核比例（%）	考核标准		
		优秀（86～100）	良好（70～85）	及格（60～69）
掌握基本知识、基本理论状况，运用所学知识分析、解决问题能力	60	对所学的知识、理论能够融会贯通，能很好运用相关知识、完成理论及实践教学项目；能在规定的时间内完成理论及实践教学项目，学习效率高，效果很好	对所学的知识、理论能较好掌握，能较好运用相关知识、完成理论及实践教学项目；能在规定的时间内完成理论及实践教学项目，学习效率较高，效果好	能基本掌握所学的知识、理论，能在他人帮助下完成理论及实践教学项目；能在规定的时间内完成理论及实践教学项目，学习效率不高，效果一般
创新能力	20	能积极主动发现问题、分析问题和解决问题；有独到的见解，有创新	能发现问题、分析问题和解决问题；能提出个人的见解，但缺创新	发现问题、分析问题和解决问题的能力一般；不能提出个人的见解
团队沟通与协作能力	20	团队能高效完成理论或实践教学项目，完成质量好；个人能与团队其他成员进行良好的沟通，能带领或辅导团队其他成员完成理论或实践教学项目	团队能按时完成理论或实践教学项目，完成质量较好；个人能与团队其他成员较好沟通，偶尔能辅导团队其他成员完成理论或实践教学项目	团队能按时完成理论或实践教学项目，完成质量基本符合要求；个人能与团队其他成员进行沟通，能在他人帮助下完成理论或实践教学项目

3. 考核方法

1）考核内容

编号	知识点	考核标准			考核比例（%）
		优	良	及格	
1	专业术语	运用正确	运用较正确	运用基本正确	20%
2	日常用语	表达准确	表达较准确	表达基本准确	20%
3	基本语法	语法句式正确	语法句式较正确	语法句式基本正确	20%
4	常用套语	句型使用正确	句型使用较正确	句型使用基本正确	20%
5	写作技能	运用正确	运用较正确	运用基本正确	20%
合　计					100

2）评分标准

序号	考核项目		考核方法	成绩比例（%）
1	过程考核	态度纪律	根据上课考勤情况，由教师和学生干部评定纪律得分； 根据课堂活动、课堂实践示范情况、作业完成情况，由教师和学生干部综合评定学习态度的得分	20%
		项目考核	每个项目都配套写作测试，每完成一个项目学习即进行项目考核	50%
2	阶段考核	期末考试	学期末对本学期写作项目进行一次总结性测试，测试内容选取本学期写作项目进行统一测试	30%
合　计				100%

4.5 跨文化交流

4.5.1 课程性质与任务

1. 课程性质

《跨文化交流》是动车组检修技术专业的一门国际化素养课程。本课程主要是为学生所学基础课程和专业课程奠定必需的人文素质基础，使得学生的专业技能能够顺利、有效地应用到工作岗位，适应跨国技术服务的需要。

2. 课程任务

课程旨在通过学习跨文化交流基础理论，分析跨文化交流案例，提高学习者跨文化交流意识。更多关注相关国家的文化，特别是通过与本族文化的对比，提高跨文化交流能力，以适应社会发展和国际交流的需要。通过课堂活动和案例学习，提高跨文化交流意识和能力，达到有效交流的目的。

4.5.2 课程教学目标

1. 知识目标

（1）掌握跨文化交流基础理论。
（2）掌握相关国家的文化、礼仪与宗教知识，了解文化差异。
（3）掌握正确与不同文化、宗教背景工作人员的相处方法。
（4）掌握遇到抢劫、生病、投诉等意外事件的应对与处理方法。

2. 能力目标

（1）能熟悉办理护照和签证的流程及注意事项，能单独申请办理护照和签证。
（2）能搭乘国际航班离境到达目的国机场后办理出关所需手续。
（3）能填写入境卡和离境卡。
（4）能填写报关单。
（5）掌握欧美、东南亚、南美等铁路技术输出集中地的国家饮食习惯、服饰礼仪、文化禁忌等。
（6）掌握欧美、东南亚、南美等铁路技术输出集中地的公司聚会礼仪、社交礼仪及私人宴请礼仪等。
（7）能与外方人员就会议安排与会议主题进行沟通。
（8）能用英语进行自我介绍。
（9）知道护照丢失后的处理方法。
（10）知道其他证件或行李丢失的处理方法。
（11）清楚在国外发生交通事故的处理方法。
（12）清楚其他意外事故的处理方法。

3. 素质目标

（1）培养学生在工作过程中的沟通能力及团队协作精神；
（2）培养学生在工作过程中具有良好的职业道德；
（3）培养学生使其在工作过程中有较强的表达能力、沟通能力、组织实施能力；
（4）培养学生使其在工作过程中有谦虚、好学的能力；
（5）培养学生使其在工作过程中有勤于思考、做事认真的良好作风；
（6）培养学生使其在工作过程中有分析问题、解决问题的能力；
（7）培养学生使其在工作过程中有独立学习能力、决策能力。

4.5.3 教学内容结构

根据动车组检修技术专业职业岗位对跨国服务人员的能力要求，课程设置了入境手续办理、生活交流、工作交流、突发事件处理四个情境，在每个情境中再细分为若干个子情境。

4.5.4 教学内容与要求

序号	学习任务	职业能力	知识、技能、态度要求	考学活动设计	评价	学时
1	入境手续子学习情境 1：在出国前，了解出国所需证件，并完成证件的办理。 子学习情境 2：假设你为某公司职员，被公司委派至某国工作 1 年。在取得赴国外所需证件后，前往机场，乘机去往目的国。了解在国内机场登机时和到达目的国机场下机时需经过的环节，以及注意事项	2.1.2	1. 入境办理，了解护照和签证的办理流程； 2. 了解办理护照和签证所需准备材料及如何填写申请表格； 3. 了解搭乘国际航班离境和达到目的国机场出关所需经历环节及相关事宜； 4. 学习填写入境卡和离境卡； 5. 学习填写报关单	1. 出国所需证件； 2. 办理出国证件所需材料，申请表格的填写和提交； 3. 乘机离境和到达目的国机场所经历环节及相关事宜	课堂提问 作业考核 情境练习	4
2	生活交流模块子学习情境 1：公司聚会 职员收到目的国某公司邀请函，并应邀出席公司宴会。参加宴会前，职员应从哪些方面来做好相应的社交礼仪准备，避免文化差异带来的交流失误	2.1.2	1. 了解公司聚会礼仪； 2. 了解目的国正式宴请的社交礼仪； 3. 了解目的国饮食习惯、服饰礼仪、文化禁忌等	1. 目的国正式宴请时的社交问候； 2. 目的国正式宴会中的社交习惯、社交礼仪； 3. 目的国饮食文化、服饰文化； 4. 目的国文化禁忌	课堂提问 作业考核 情境练习	4
3	生活交流模块子学习情境 2：私人宴请 职员收到目的国某位同事的私人邀请，并应邀来到同事家中做客。参加宴会前，职员应从哪些方面来做好相应的社交礼仪准备，避免文化差异带来的交流失误	2.1.2	1. 了解目的国私人宴请的社交礼仪； 2. 了解目的国私人宴请服饰礼仪、风俗习惯、文化禁忌等	1. 目的国私人宴请时的社交问候； 2. 目的国私人宴会中的社交习惯、社交礼仪； 3. 目的国饮食文化、服饰文化； 4. 目的国文化禁忌	课堂提问 作业考核 情境练习	4

续表

序号	学习任务	职业能力	知识、技能、态度要求	考学活动设计	评价	学时
4	工作交流模块子学习情境1：工作会议 中方职员与外方职员共同参加工作会议。作为出席会议的中方职员，你应该做好怎样的会前准备以及如何在会上进行自我介绍、就工作任务与外方职员进行沟通，从而保证工作的顺利完成	2.1.2	1. 了解与外方人员就会议安排与会议主题进行沟通的方法与技巧； 2. 了解自我介绍的方法； 3. 了解与外方就具体任务进行沟通的方法	1. 目的国的时间概念； 2. 与外方同事确认会议主题； 3. 与外方同事确认与会人员； 4. 向外方同事进行自我介绍； 5. 与外方同事就工作任务进行沟通的方法	课堂提问 作业考核 情境练习	4
5	工作交流模块子学习情境2：产品使用培训 中方职员就产品的使用与维护对外方人员进行培训。作为培训方的中方职员，你应该做好怎样的培训前准备以及如何在会上进行自我介绍、产品介绍，就工作任务与外方职员进行沟通，从而保证工作的顺利完成	2.1.2	1. 了解实践沟通、主题确定、人员确定； 2. 了解自我介绍、产品介绍、任务接受与描述； 3. 了解与外方人员就会议安排与会议主题进行沟通的方法与技巧； 4. 了解自我介绍的方法； 5. 了解产品介绍方法； 6. 了解与外方就具体任务进行沟通的方法	1. 目的国的时间概念； 2. 与外方同事确认会议主题； 3. 与外方同事确认与会人员； 4. 向外方同事进行自我介绍； 5. 向外方同事进行产品介绍； 6. 与外方同事就工作任务的沟通方法	课堂提问 作业考核 情境练习	4
6	突发事件处理子学习情境1：护照丢失的处理 因为某些出乎意料的原因，你的护照在目的国丢了，你该如何处理	2.1.2	1. 掌握护照丢失后的处理方法； 2. 掌握其他证件或行李丢失的处理方法	1. 护照丢失的处理； 2. 机票丢失的处理； 3. 行李丢失的处理	课堂提问 作业考核 情境练习	2
7	突发事件处理子学习情境2：交通事故的处理 你在目的国工作期间，在驾车回住所的路上，发生了一起轻微的交通事故，你该如何处理，才能保障自己的最大权益	2.1.2	1. 掌握在国外发生交通事故的处理方法； 2. 掌握发生其他意外事故的处理方法	1. 交通事故的处理； 2. 航班延误的处理； 3. 延长出国时间、更改出国路线的处理	课堂提问 作业考核 情境练习	2

4.5.5 教学实施

1. 教学时数安排建议

《跨文化交流》课程安排于第五学期，教学时数共计 24 课时，其中理论课程 12 课时，实践课程 12 课时。

2. 教学建议

（1）针对学生专业方向开展实施“案例教学法”“情境教学法”，采用解决扮演、分组讨论的方式活跃课堂气氛，让学生积极参与到学习中来。

（2）组织优秀学生成立助教小组，实施“个性化教学”。

（3）教学方式要多样，培养学生自学能力。

（4）采用视听多媒体教学法开阔学生思维，提高学习兴趣。

（5）让学生开阔眼界，多进行现场参观学习。

（6）课程教学应突出重点，剖析难点，注重理论联系实际，符合教学改革的要求。

（7）课程说明。

① 与前续课程的联系。

本课程的前续课程主要有《大学英语》《思想道德修养与法律基础》《中国近现代史纲要》等人文素质类课程以及《铁道概论》《动车组总体》《动车组检修与维护》等专业基础课程。

② 与后继课程的关系。

本课程的后继课程有《专业技术服务英语》及《专业顶岗实习》等。当学生具备了一定的跨文化交流意识与技能，掌握了良好的专业知识后，可以更好地使用英语为国际客户提供服务。

3. 教材编写与选用建议

教材选取的原则：新颖、全面。

推荐教材：李莉主编，西南交大出版社出版，《跨文化交流——轨道交通类专业境外服务交流技能》（该教材以案例具体到一个个情境，致力于培养跨国服务人员的服务能力）。

参考的教学资料：王培英主编《跨文化交流（全国高等院校旅游专业规划教材）》（旅游教育出版社）；潘一禾主编，浙江大学出版《超越文化差异：跨文化交流的案例与探讨》。

4.5.6 考核与评价

1. 考核目的和功能

通过考核检查学生对所学课程的知识掌握情况，检查学生运用所学知识分析问题、解决问题的能力；培养学生创新能力、团队沟通与协作能力。

2. 考核原则

考核点	考核比例（%）	考核标准		
		优秀（86～100）	良好（70～85）	及格（60～69）
掌握基本知识、基本理论状况，运用所学知识分析、解决问题能力	60	对所学的知识、理论能够融会贯通，能很好运用相关知识、完成理论及实践教学项目；能在规定的时间内完成理论及实践教学项目，学习效率高，效果很好	对所学的知识、理论能较好掌握，能较好运用相关知识、完成理论及实践教学项目；能在规定的时间内完成理论及实践教学项目，学习效率较高，效果好	能基本掌握所学的知识、理论，能在他人帮助下完成理论及实践教学项目；能在规定的时间内完成理论及实践教学项目，学习效率不高，效果一般
创新能力	20	能积极主动发现问题、分析问题和解决问题；有独到的见解，有创新	能发现问题、分析问题和解决问题；能提出个人的见解，但缺创新	发现问题、分析问题和解决问题的能力一般；不能提出个人的见解
团队沟通与协作能力	20	团队能高效完成理论或实践教学项目，完成质量好；个人能与团队其他成员进行良好沟通，能带领或辅导团队其他成员完成理论或实践教学项目	团队能按时完成理论或实践教学项目，完成质量较好；个人能与团队其他成员较好沟通，偶尔能辅导团队其他成员完成理论或实践教学项目	团队能按时完成理论或实践教学项目，完成质量基本符合要求；个人能与团队其他成员进行沟通，能在他人帮助下完成理论或实践教学项目

3. 考核方法

序号	教学单元	考核的知识点及要求	成绩比例
1	入境手续	1. 出国所需证件； 2. 办理出国证件所需材料，申请表格的填写和提交； 3. 乘机离境和到达目的国机场所经历环节及相关事宜	15%
2	生活交流	1. 正式宴请时的社交问候； 2. 正式宴会中的社交习惯、社交礼仪； 3. 饮食文化、服饰文化； 4. 文化禁忌； 5. 私人宴请时的社交问候； 6. 私人宴会中的社交习惯、社交礼仪； 7. 饮食文化、服饰文化； 8. 文化禁忌	40%
3	工作交流	1. 时间观念的了解； 2. 参加会议及承办会议的相关事宜； 3. 自我介绍的方法； 4. 产品介绍的方法； 5. 与外方同事就工作任务的沟通方法	30%
4	突发事件处理	1. 护照丢失的处理； 2. 机票丢失的处理； 3. 行李丢失的处理	15%
合计			100%

4.6 专业英语

4.6.1 课程性质与任务

1. 课程性质

《动车组专业英语》课程是针对动车组相关检修、维护及驾驶人员的工作需求及其可持续性发展的需求设置的一门国际化素养课程，旨在培养学生对动车组专业英语词汇及术语的掌握及运用能力，动车组专业技术资料及轨道交通类科普文章的阅读理解能力，与国外同行进行口语技术交流能力，动车组工艺文件的英文编译能力，动车组及部件的检修能力等专业能力。

2. 课程任务

本课程紧紧依托学生已具备的电气化铁道技术专业知识，用英文讲授动车车辆的车体、行车组织、牵引设备、制动系统等专业知识。要求学生能够描述以上主要设备的结构及工作原理，能够了解常用的动车组术语。最终达到独立翻译专业相关文献，并能编写英文工艺文件的程度。

4.6.2 课程教学目标

1. 知识目标

（1）掌握轨道专业所有车辆的英文表达。
（2）了解动车车辆的结构及英文表达。
（3）翻译动车车辆各部分结构的专业词汇。
（4）读懂动车车辆重点专业技术科普文章。

2. 能力目标

（1）能进行轨道交通类英文科普文章的阅读。
（2）能进行动车车辆英文专业技术资料的阅读。
（3）能进行动车车辆上常用电器英文产品样本的信息获取。
（4）能在英文网站检索动车车辆常用电器信息。
（5）能与国外同行进行口语技术交流。
（6）能进行动车车辆一般性英文介绍短文的撰写。
（7）能进行动车车辆电器的检修。
（8）能进行动车车辆制造和检修工艺英文文件的编译能力。

3. 素质目标

（1）培养学生独立学习的能力。
（2）培养学生独立解决问题的能力。

（3）培养学生获取新知识的能力。
（4）培养学生良好的职业道德及职业素质。

4.6.3 教学内容结构

根据动车组检修技术专业职业岗位对境外服务人员的国际服务素养的要求，将本课程的教学内容分解为动车组概论、动车组列车控制系统、动车组辅助设备、动车组制动系统、动车组总体、行车组织、动车组维护与检修、动车组牵引与传动系统、动车组供电系统、动车组信号系统等教学模块。

4.6.4 教学内容与要求

序号	学习任务	职业能力	知识、技能、态度要求	考学活动设计	评价	学时
1	动车组概论模块	2.1.2 2.2.1	领会专业英语翻译标准、了解动车组专业英语单词特点	动车组基本特点、发展概述	课堂提问 作业考核	2
2	动车组列车控制系统模块	1.1.1 1.1.2 2.1.2	掌握与列车控制系统相关专业英语词汇，准确翻译课文	世界其他各国、中国列车控制系统	课堂提问 作业考核	4
3	动车组辅助设备模块	1.3.5 2.1.2 3.4.1	掌握动车组辅助设备的英文词汇，做到会读、会写，准确翻译课文	动车组辅助设备介绍，动车组辅助供电系统	课堂提问 作业考核	4
4	动车组制动系统模块	1.2.3 1.3.2 3.4.1	了解动车组制动系统专业词汇的翻译做到会读、会写	动车组制动的概念和种类，动车组制动系统的特点	课堂提问 作业考核	6
5	动车组总体模块	1.1.1 1.2.2 1.2.5 2.3.1 3.2.3	掌握动车组总体英语词汇、准确翻译课文	转向架、车体等作用和/与特点	课堂提问 作业考核	6
6	行车组织模块	1.1.2 1.2.4 2.1.2	掌握车站、行车组织专业英语词汇，准确翻译课文	车站、行车组织相关知识	课堂提问 作业考核	4
7	动车组维护与检修模块	2.3.1 2.3.2 2.3.4	准确翻译动车检修词汇、句型	一级检修、二级检修特点及工作方式	课堂提问 作业考核	8
8	动车组牵引与传动系统模块	1.3.1 3.1.1 3.4.1	掌握动车组牵引与传动系统专业英语词汇，准确翻译课文	动车组牵引与传动系统构成及工作原理	课堂提问 作业考核	4
9	动车组供电系统模块	1.2.1 1.3.5 3.1.1	掌握动车组供电系统专业英语词汇，准确翻译课文	动车组供电系统构成及工作原理	课堂提问 作业考核	6
10	动车组信号系统模块	1.1.1 1.2.4 3.2.2	掌握动车组信号系统专业英语词汇，准确翻译课文	动车组信号系统的构成及工作原理	课堂提问 作业考核	4

4.6.5 教学实施

1. 教学时数安排建议

《动车组专业英语》课程安排第五学期，教学时数共计 48 课时，其中理论课程 48 课时。

2. 教学建议

本课程的后继课程是毕业设计。毕业设计的环节主要培训学生对所学知识的综合运用能力，其中英文摘要的撰写将凸显专业英语知识的重要。另外，本课程将对学生在今后工作当中的可持续性发展奠定一定的基础。

3. 教材编写与选用建议

要求教材能够涵盖上述知识点 80%的内容。
选择教材：《铁路科技英语》《铁路技术服务英语》。
参考的教学资料：《中级铁路英语》《专业英语》（中国铁道出版社）。

4.6.6 考核与评价

1. 考核目的和功能

通过考核检查学生对所学课程知识的掌握情况，检查学生动车组专业英语知识、动车组列车控制系统、动车组辅助设备、动车组制动系统、动车组总体、行车组织、动车组维护与检修、动车组牵引与传动系统、动车组供电系统、动车组信号等词汇、句型翻译等模块专业英语词汇及表达的掌握情况。检查学生运用所学知识分析问题、解决问题的能力；培养学生创新能力、团队沟通与协作能力。

2. 考核原则

考核形式	考核内容	考核形式	成绩比例
过程考核	学习态度、课堂纪律、6S 管理、团队合作精神、单项实践操作技能	课堂提问、平时作业、小论文、小测验等	50%
终结性考核	综合技能、职业规范、创新能力等	期终考试、综合答辩、项目报告	50%

3. 考核方法

序号	考核点	考核评价标准	成绩比例（%）
1	Introduction to EMU	能够独立翻译动车组相关科普文献	10%
2	EMU train control system	能用英文描述列车控制系统的工作方式	10%
3	Auxiliary equipment of EMU	能够用引文读写出动车组主要辅助设备	10%
4	EMU braking system	1. 能够描述动车组制动系统的主要工作方式 2. 能读写英文制动系统的主要专业词汇	10%

续表

序号	考核点	考核评价标准	成绩比例（%）
5	The composition of EMU	能够用英文描述电力机车车辆的总体结构	10%
6	Traffic organization of EMU	掌握动车行车组织专业英文词汇	10%
7	EMU maintenance	掌握动车组检修的专业英文词汇	10%
8	EMU traction and transmission system	能够用口语交流电力机车牵引设备维护检修的方法	10%
9	EMU power supply system	用英文讲解动车组电力供应系统的工作方式	10%
10	EMU signal system	掌握动车组信号系统的专业词汇	10%
合计			100

4.7 高速铁路安全技术

4.7.1 课程概述

（1）课程名称：高速铁路安全技术。

（2）课程性质：专业拓展课。

（3）参考学时：28 学时。

（4）参考学分：1 学分。

4.7.2 课程性质和任务

本课程是动车组检修技术专业的国际化素养课程，是必修课。其任务是：铁路运输生产过程中，保证旅客的生命财产不受损伤，保持货物完整无缺的工作，是铁路运输服务的一项重要质量指标。中国铁路部门贯彻“安全第一、预防为主、综合治理”的方针，制定了完善的规章制度，开展标准化活动，严格作业纪律，加强设备检修，不断采用新装备、新技术，以保证运输安全。同时还制定了控制及考核运输安全的有关事故规则，

了解高速铁路国内外现状，熟悉国外行车安全体系，熟悉高速铁路行车安全系统的构成，熟悉高可靠度、高性能的机车车辆及配套设施是高速铁路运行安全的基础与保证，掌握高速司机职业适应性检查，高速司机的培养的内容和模式，熟悉高速铁路对环境等方面的要求和管理系统。熟悉铁路行车作业人员安全标准，掌握电气化铁路的危险因素，掌握电气化铁路劳动安全通用知识，掌握消防安全知识，掌握事故案例分析方法与采取的防范措施等。并培

养其制定实施工作计划、分析检查判断等方法能力，以及听从指挥、服从安排、安全与自我保护等综合素质和能力，树立良好职业道德与责任心。把学生培养成能够全面、个性、可持续发展，具有国际公认优秀素养，能参与未来国际合作与竞争的人。

4.7.3 课程目标

1. 知识目标

（1）具备对高速铁路国内外现状的认知能力。
（2）具备对高速铁路行车安全系统的构成的认知能力。
（3）具备对高铁设备、人员、环境要求的分析能力。
（4）具备铁路行车作业人员安全标准的分析能力。
（5）具备电气化铁路的危险因素的分析能力。
（6）具备电气化铁路劳动安全通用知识的应用能力。
（7）具备消防安全知识的应用能力。
（8）具备对事故案例分析的能力。
（9）具备对事故采取的防范措施的应用能力。

2. 能力目标

（1）沟通能力及团队协作精神。
（2）良好的职业道德。
（3）勇于创新、敬业乐业的工作作风。
（4）安全意识。
（5）有较强的表达能力、沟通能力、组织实施能力。
（6）具备基本的生产组织、技术管理能力。
（7）具备高速铁路安全的基本英语口语交流能力。

3. 素质目标

（1）具有自主学习的能力。
（2）具有分析问题和查找相应资料的能力。
（3）制订工作流程的能力。
（4）独立学习能力和决策能力。
（5）具有阅读有关技术资料，特别是外语资料的阅读能力，自我拓展学习本专业的新技术、新工艺，获取新知识的能力。

4.7.4 课程设计思路

根据职业能力标准，以重点职业能力为依据确定课程目标，依据职业能力整合所需相关知识和技能，设计课程内容，以工作任务为载体构建“能力递进”课程。

课程结构以就业岗位对就业人员知识、技能的需求取向，通过对高速铁路国内外现状，国外行车安全体系，高速铁路行车安全系统的构成等认知活动，构建高可靠度、高性能的机车车辆及配套设施是高速铁路运行安全的基础与保证的认知，高速司机职业适应性检查的认知，高速司机的培养的内容和模式的认知，高速铁路对环境等方面的要求和管理系统的认知，铁路行车作业人员安全标准的认知，掌握对电气化铁路的危险因素的判别，掌握对电气化铁路劳动安全通用知识的应用，掌握对消防安全知识应用，掌握事故案例分析方法与采取的防范措施等知识结构和能力结构，形成相应的职业能力。

课程主要内容为车辆电工职业资格标准、铁道行业标准［中华人民共和国铁道行业标准（TB）］中的知识点和操作要求。

4.7.5 课程教学设计

序号	学习任务	职业能力	知识、技能、态度要求	教学活动设计	评价	学时
1	高速铁路基本知识		1. 具备对高速铁路国内外现状的认知能力 2. 具备对高速铁路行车安全系统的构成的认知能力	1. 高速铁路国内外现状 2. 高速铁路行车安全系统的构成	课堂提问、陈述、作业考核、期末考试	2
2	高速铁路安全		1. 具备对高可靠度、高性能的机车车辆及配套设施是高速铁路运行安全的基础与保证的认知 2. 具备对高铁系统人员要求的分析能力 3. 具备对高速铁路科学管理系统的认知能力	1. 高可靠度、高性能的机车车辆及配套设施是高速铁路运行安全的基础与保证 2. 高铁系统人员要求 3. 高速铁路科学管理系统	课堂提问、陈述、作业考核、期末考试	2
3	安全原理与安全预防		1. 具备海因里希法则、博德事故因果连锁理论等安全理论的认知能力 2. 具备对安全事故预防分析与应用能力 3. 具备确保安全的基本方法和基本原理的分析与应用能力 4. 能培养出良好的员工安全意识	1. 海因里希法则、博德事故因果连锁理论等安全理论 2. 安全事故预防 3. 确保安全的基本方法和基本原理 4. 良好的员工安全意识	课堂提问、陈述、作业考核、期末考试	4
4	铁路行车作业人员安全标准		1. 具备行车作业人身安全标准的认知能力 2. 具备接发列车作业人身安全标准的认知能力 3. 具备调车作业人身安全标准的认知能力 4. 具备扳道（清扫）作业人身安全标准的认知能力	1. 行车作业人身安全标准 2. 接发列车作业人身安全标准 3. 调车作业人身安全标准 4. 扳道（清扫）作业人身安全标准	课堂提问、陈述、作业考核、期末考试	4

续表

序号	学习任务	职业能力	知识、技能、态度要求	教学活动设计	评价	学时
5	电气安全技术		1. 具备对触电及触电急救知识的认知能力 2. 具备对电气安全防护技术及应用的能力 3. 具备对电气设备及线路的安全技术认知能力 4. 具备对电气测试及其安全措施的应用能力 5. 具备电气作业的安全规程及制度的认知能力	1. 触电及触电急救知识 2. 电气安全防护技术及应用 3. 电气设备及线路的安全技术 4. 电气测试及其安全措施 5. 电气作业的安全规程及制度	课堂提问、陈述、作业考核、期末考试	6
5	电气化铁路劳动安全通用知识		1. 具备电气化铁路的危险因素的分析能力 2. 具备电气化接触网的接电、安全距离、接触网断线处理的认知能力 3. 具备跨线桥上的安全注意事项、车辆和行人通过道口的规定、配备劳动防护用品的规定、警示标志的设置和遵守的认知能力 4. 掌握安全培训基本要求的应用能力	1. 电气化铁路的危险因素 2. 电气化接触网的接电、安全距离、接触网断线处理 3. 跨线桥上的安全注意事项、车辆和行人通过道口的规定、配备劳动防护用品的规定、警示标志的设置和遵守 4. 安全培训的基本要求	课堂提问、陈述、作业考核、期末考试	4
6	消防安全知识		1. 具备消防安全工作的方针、原则、五懂四会、班后防火五不走等内容的认知能力 2. 熟悉火种种类、灭火器类型、常用灭火器、灭火的基本方法等知识的认知能力 3. 具备电气化铁路附近灭火安全常识的应用能力 4. 具备火场逃生主要方法、灭火器日常检查的应用能力 5. 具备灭火器正确使用的应用能力	1. 消防安全工作的方针、原则、五懂四会、班后防火五不走等内容 2. 火种种类、灭火器类型、常用灭火器、灭火的基本方法等知识 3. 电气化铁路附近灭火安全常识 4. 火场逃生主要方法、灭火器日常检查 5. 正确使用灭火器	课堂提问、陈述、作业考核、和期末考试	2
7	案例分析与事故防范措施		1. 具备对事故案例分析的能力 2. 具备对事故采取的防范措施的应用能力	1. 事故案例分析 2. 事故采取的防范措施	课堂提问、陈述、作业和期末考试	4

4.7.6 教学实施

1. 教学建议

重视实践教学环节，按工作任务或项目组织教学，精选学习项目和真实训练项目把握本课程的知识点和技能点。采用精讲多练的教学方法，立足于培养学生的综合职业能力、严谨的工作作风和良好的职业素养。

2. 教材选用与编写

教材选取的原则：新颖、全面。

推荐教材：中国铁道出版社《安全用电》。

参考的教学资料：中国电力出版社《铁路司乘人员职业素养》。

3. 教学资源

（1）完整的教案、讲稿，配套的课程 PPT。

（2）具有完善的实验、实训设备，能完成所有课程相关的实践教学。

（3）有中央财政建设的专业实训基地，能满足专业教学与实践活动的开展。

（4）理论教学应注重理论、实践结合，应该将概念讲解、实例演示有机结合，同时，尽可能为学生提供现场检修的机会，提高教学效果。

（5）教学、课堂考核、反馈、期末考试或考查是教学过程的重要组成，通过课堂考核及时反馈可使教师较快了解学习效果，因此，在课堂上适当进行形式多样的考核，并及时讲评，有利于提高教学质量。

（6）为了发挥学生的主观能动性，提高学生的职业素质，教师不必在课堂上讲授所有的知识要点，将一些简单的、雷同的内容分配给学生，要求他们以组或以个人为单位完成预习、实践，甚至上台给其他组讲解，并能回答其他同学的提问，最后由教师给予全面总结。

（7）采用视听多媒体教学法开阔学生思维，特别是结合路段高速动车组、接触网检修视频、工艺文件展开教学，多提问、多讨论，激发学生强烈的学习兴趣。

4.7.7 训练项目设计

本课程训练项目应包括接触网的组成、牵引供电系统的组成等基本操作，学校应根据产业特点、就业岗位和国内外合作企业，参照下列训练项目示例合理设计训练项目。

1. 训练项目示例一：接触网的组成

1）项目描述

集合学生到有接触网的电气化铁道旁，首先强调安全意识，然后通过口述介绍接触网的组成、每一部分的作用和其主要类型。并且依此指出现场接触网每一部分的位置，让学生识别和讲述其作用、特点和类型。现场的提问和解答环节是重点、安全是前提。最后让学生课后书写现场教学的报告。

2）训练要求

让学生认识接触网的组件、功能，认识接触网的各不同类型。并提高学生的安全意识和熟练认知接触网的特点，有利于其职业素养的提升。

2. 训练项目示例二：牵引供电系统的组成

1）项目描述

集合学生到有高压设备的实训室，首先强调安全意识，然后口述复习牵引供电系统的组成，并强调组成牵引供电系统的电气设备的作用。在现场教学时，主要介绍高低压电气设备的结构特点和作用，并且提问和解答。最后让学生学会使用操作高压断路器，操作时分组进行。

2）训练要求

熟练掌握牵引变电所的高低压熔断器和开关电器、电力变压器和互感器以及高低压成套配电装置的结构特点，并且能有效识别和讲解其在牵引供电系统中的位置。最终的目的是提高学生的安全意识，认知牵引供电系统的组成，有利于学生职业素养的提升。

4.7.8 课程考核

1. 考核内容

本课程考核内容包括理论部分考核、实践部分考核和平时成绩考核三部分，理论部分考核为笔试，实践部分考核为现场操作考核，平时成绩考核为平时作业、考勤和期中考试等。

2. 成绩评定

课程考核可以采用理论考核和实践考核相结合的方式。理论部分采用开卷（包括专题答辩和作业成绩）和闭卷相结合的方式，如下表：

<table>
<tr><th>序号</th><th colspan="3">名 称</th><th>考核比例</th></tr>
<tr><td rowspan="4">1</td><td rowspan="4">理论部分考核</td><td>专题答辩</td><td>高速动车组安全管理的如何实施</td><td>40%</td></tr>
<tr><td colspan="2">作业成绩</td><td>10%</td></tr>
<tr><td>考试成绩</td><td>期末考试</td><td>30%</td></tr>
<tr><td colspan="2">小 计</td><td>80%</td></tr>
<tr><td>2</td><td>实践部分考核</td><td colspan="2">教师在高速动车组、动车运用所、车站、接触网的现场教学过程中，对学生的表现、问题回答给予成绩</td><td>20%</td></tr>
<tr><td>3</td><td>总评</td><td colspan="2"></td><td>100%</td></tr>
</table>

3. 评分要点与评分标准

序号	教学单元	考核的知识点及要求	考核比例
1	铁道供电系统组成	城市轨道牵引供电系统的结构组成 电压等级 供电特点 各系统功能、作用	10%
2	牵引变电所	铁道牵引变电所的高压断路器等高低压电器设备结构、功能、表示符号 电器设备的检修要求	30%
3	牵引供电主接线	铁道供电系统不同接线方式及其特征	30%
4	牵引网	架空式接触网的组成与结构 接触轨式接触网	30%
5	合　计		100%

4.8 行车心理学

4.8.1 课程概述

（1）课程名称：行车心理学。

（2）课程性质：专业拓展课。

（3）参考学时：42 学时。

（4）参考学分：2 学分。

4.8.2 课程性质和任务

本课程是动车组检修技术专业的专业拓展课程，是必修课。其任务是：熟悉行车人员常见心理问题诱发的原因及预防措施，掌握行车人员，特别是机车车辆乘务人员、安全管理人员心理活动特点、规律，以及与行车的关系，通过对行车事故的心理因素、安全积极情绪、安全消极情绪、管理心理、协作心理及领导心理分析，树立学生安全行车的观念，提高职业素养。

4.8.3 课程目标

1. 知识目标

（1）掌握铁路行车安全心理学基础知识。

（2）掌握行车事故的心理因素。

（3）掌握行车事故的生理因素。
（4）掌握行车安全管理心理。
（5）掌握行车安全管理与管理心理学。
（6）掌握行车管理现代化中的心理学问题。
（7）掌握惯性行车事故的发生原因与预防措施。
（8）掌握“两冒”事故、“错办”事故的心理因素及预防。
（9）掌握职工安全积极情绪与消极情绪的心理分析。
（10）掌握职工心理状态及思想政治教育。
（11）掌握职工群体协作心理问题。
（12）掌握机车乘务员的心理素质要求。
（13）掌握行车人员家属心理问题。

2. 能力目标

（1）能够对行车事故进行心理和生理因素的分析。
（2）能够对惯性行车事故进行原因分析，并提出预防措施。
（3）能够对“两冒”“错办”事故进行原因分析，并提出预防措施。
（4）能够对职工安全积极情绪和消极情绪进行心理学分析。
（5）能够对职工心理状态进行分析，并给出教育方式。
（6）能够分析职工群体协作心理问题。
（7）能够提出机车乘务员的心理素质要求。
（8）能够分析行车人员家属心理问题。

3. 素质目标

（1）获取信息的能力。
（2）资料收集整理能力。
（3）制定、实施工作计划的能力。
（4）工艺文件理解能力。
（5）检查、判断能力。
（6）沟通协调能力。
（7）语言表达能力。
（8）安全与自我保护能力。
（9）责任心与职业道德。
（10）利用所学知识掌握新知识、新技术的能力。

4.8.4 课程设计思路

根据职业能力标准，以重点职业能力为依据确定课程目标，依据职业能力整合所需相关知识和技能，设计课程内容，以工作任务为载体构建“能力递进”课程。

课程结构以就业岗位对就业人员知识、技能的需求取向，通过对行车人员常见心理问题的学习，构建学生心理学知识框架，形成相应的职业能力。

课程主要内容为车辆电工国家职业资格标准、铁道行业标准［中华人民共和国铁道行业标准（TB）］中的知识点和操作要求。

4.8.5 课程教学设计

序号	学习任务	职业能力	知识、技能、态度要求	教学活动设计	评价	学时
1	铁路行车安全心理学概述	1.1.4 2.1.2 3.1.2 3.4.1 3.4.2	1. 掌握人的心里实质； 2. 掌握人的意识、人的个性； 3. 掌握行车安全与心理的关系； 4. 掌握行车事故与心理的关系	1. 人的心里实质； 2. 人的意识； 3. 人的个性； 4. 行车安全与心理的关系； 5. 行车事故与心理的关系	课堂提问、陈述、作业考核	2
2	铁路行车安全心理研究的意义	1.1.2 1.1.4 2.1.2	1. 掌握铁路行车安全的被动局面； 2. 掌握行车安全意识的强化； 3. 掌握保证行车安全的意义； 4. 掌握发生行车事故的一般原因	1. 铁路行车安全的被动局面； 2. 行车安全意识的强化； 3. 保证行车安全的意义； 4. 发生行车事故的一般原因	课堂提问、陈述、作业考核	2
3	行车事故的心理因素	1.1.4 2.1.2 2.2.2 3.2.1 3.4.1 3.4.2	1. 掌握注意力与行车安全的关系； 2. 掌握记忆力与行车安全的关系； 3. 掌握思维方式与行车安全的关系； 4. 掌握情绪、情感与行车安全的关系； 5. 掌握人格与行车安全的关系； 6. 掌握超速行驶与行车安全的关系	1. 注意力与行车安全； 2. 记忆力与行车安全； 3. 思维方式与行车安全； 4. 情绪、情感与行车安全； 5. 人格与行车安全； 6. 超速行驶与行车安全	课堂提问、陈述、作业考核	2
4	行车事故与生理因素	1.1.2 1.1.4 2.1.2 3.4.1	1. 掌握视觉及其机能的相关知识； 2. 掌握听觉、嗅觉与触觉及其机能的相关知识； 3. 掌握喝酒与行车事故的关系； 4. 掌握疲劳与行车事故的关系； 5. 掌握吸烟对驾驶能力的影响； 6. 掌握人的身心节律与行车安全的关系； 7. 了解夜间行车事故多的原因； 8. 掌握疾病对行车安全的影响	1. 视觉及其机； 2. 听觉、嗅觉与触觉及其机能； 3. 喝酒与行车事故； 4. 疲劳与行车事故； 5. 吸烟对驾驶能力的影响； 6. 人的身心节律与行车安全； 7. 夜间行车事故多的原因； 8. 疾病对行车安全的影响	课堂提问、陈述、作业考核	2

续表

序号	学习任务	职业能力	知识、技能、态度要求	教学活动设计	评价	学时
5	行车安全管理心理	1.1.4 2.1.2	1. 掌握行车安全的动机与行为； 2. 掌握行车安全意识的相关知识； 3. 掌握行车安全习惯的形成； 4. 掌握行车安全心理测验的方法	1. 行车安全的动机与行为； 2. 行车安全意识； 3. 行车安全习惯的形成； 4. 行车安全心理测验	课堂提问、陈述、作业考核	2
6	行车安全管理与管理心理学	1.1.4 2.1.2	1. 掌握行车安全管理学相关知识； 2. 掌握行车安全管理中的心理学问题； 3. 掌握行车安全管理心理学的对象； 4. 掌握行车安全管理心理学的任务	1. 行车安全管理学； 2. 行车安全管理中的心理学问题； 3. 行车安全管理心理学的对象； 4. 行车安全管理心理学的任务	课堂提问、陈述、作业考核	2
7.	行车安全管理现代化中的心理学问题	1.1.4 2.1.2	1. 掌握安全管理中应该重视的问题； 2. 掌握心理学与行车安全管理现代化； 3. 掌握管理理论的科学化	1. 安全管理中几个应该重视的问题； 2. 心理学与行车安全管理现代化； 3. 管理理论的科学化	课堂提问、陈述、作业考核	2
8	惯性行车事故的原因与预防	1.1.4 2.1.2	1. 掌握车务部门惯性行车事故发生的原因及预防； 2. 掌握机务部门惯性行车事故发生的原因及预防； 3. 掌握车辆部门惯性行车事故发生的原因及预防； 4. 掌握工务部门惯性行车事故发生的原因及预防； 5. 掌握电务部门惯性行车事故发生的原因及预防； 6. 掌握客运部门惯性行车事故发生的原因及预防； 7. 掌握货运部门惯性行车事故发生的原因及预防； 8. 掌握工程部门惯性行车事故发生的原因及预防	1. 车务部门惯性行车事故发生的原因及预防； 2. 机务部门惯性行车事故发生的原因及预防； 3. 车辆部门惯性行车事故发生的原因及预防； 4. 工务部门惯性行车事故发生的原因及预防； 5. 电务部门惯性行车事故发生的原因及预防； 6. 客运部门惯性行车事故发生的原因及预防； 7. 货运部门惯性行车事故发生的原因及预防； 8. 工程部门惯性行车事故发生的原因及预防		6
9	发生“两冒”事故的心理因素及预防	1.1.4 2.1.2	1. 掌握“两冒”事故及其危害； 2. 掌握“两冒”事故的心理因素； 3. 掌握预防“两冒”事故的方法	1.“两冒”事故及其危害； 2. “两冒”事故的心理因素； 3. 预防“两冒”事故的方法		2
10	发生“错办”事故的心理因素及预防	1.1.4 2.1.2	1. 掌握“错办”事故及其危害； 2. 掌握“错办”事故的心理因素。 3. 掌握预防“错办”事故的措施	1.“错办”事故及其危害； 2. “错办”事故的心理因素。 3. 预防“错办”事故的措施		2

续表

序号	学习任务	职业能力	知识、技能、态度要求	教学活动设计	评价	学时
11	职工安全积极情绪的心理分析	1.1.4 2.1.2	1. 掌握影响安全积极情绪的因素； 2. 掌握职工积极性的源泉； 3. 掌握职工需要； 4. 掌握调动职工积极性的基本方法	1. 影响安全积极情绪的因素； 2. 需要是职工积极性的源泉； 3. 职工需要的多样性； 4. 调动职工积极性的基本方法		2
12	职工安全消极情绪心理学分析	1.1.4 2.1.2	1. 掌握职工安全消极情绪的表现； 2. 掌握安全消极情绪产生的原因； 3. 掌握处理职工安全消极情绪的原则	1. 职工安全消极情绪的表现； 2. 安全校级情绪产生的原因； 3. 处理职工安全消极情绪的原则		2
13	职工心理状态及思想政治教育	1.1.4 2.1.2	1. 掌握思想政治教育面临的挑战； 2. 掌握目前职工的思想状况； 3. 掌握影响职工心态平衡的因素； 4. 掌握思想政治教育的心理效应； 5. 掌握职工积极性的激励措施； 6. 掌握后进职工的转化工作	1. 思想政治教育面临的挑战； 2. 目前职工的思想状况； 3. 影响职工心态平衡的因素； 4. 思想政治教育的心理效应； 5. 职工积极性的激励措施； 6. 做好后进职工的转化工作		2
14	职工群体协作心理	1.1.4 2.1.2	1. 掌握职工群体协作相关知识； 2. 掌握协作中存在的困难及问题； 3. 掌握保证协作顺利进行的对策	1. 职工群体协作； 2. 协作中存在的困难及问题； 3. 保证协作顺利进行的对策		4
15	领导心理	1.1.4 2.1.2	1. 掌握关于领导的相关理论； 2. 掌握领导功能及领导艺术； 3. 掌握领导者的心理品质； 4. 掌握领导虚假行为的心理分析	1. 几种关于领导的理论； 2. 领导功能及领导艺术； 3. 领导者的心理品质； 4. 领导虚假行为的心理分析		2
16	机车乘务人员的心理素质要求	1.1.4 2.1.2	1. 掌握机车乘务工作的特点； 2. 掌握机车乘务人员应具有的心理品质； 3. 掌握良好心理品质的获得方法	1. 机车乘务工作的特点； 2. 机车乘务人员应具有的心理品质； 3. 良好心理品质的获得		2
17	行车人员家属心理	1.1.4 2.1.2	掌握行车人员家属的各种心理	1. 等待盼望的焦虑心理； 2. 怕亲人出事故的恐惧心理； 3. 亲人立功受奖的荣誉心理； 4. 情感磨难的压抑心理； 5. 丧失情人的悲伤心理； 6. 情人伤残的矛盾心理		2

4.8.6 教学实施

1. 教学建议

重视实践教学环节，按工作任务或项目组织教学，精选学习项目，把握本课程的知识点和技能点。采用精讲多练的教学方法，立足于培养学生的综合职业能力、严谨的工作作风和良好的职业素养。

2. 教材选用与编写

教材选取的原则：新颖、全面。

推荐教材：孟宪珠主编，中国铁道出版社《铁路行车安全实用心理学》。

参考的教学资料：杨炎坤主编，中国铁道出版社《行车安全心理学》。

3. 教学资源

（1）完整的教案、讲稿，配套的课程 PPT。

（2）教学、考核、反馈是教学过程的重要组成，及时反馈可使教师及时了解学习效果；在课堂上适当进行形式多样的考核，并及时讲评，有利于提高教学质量。

（3）为了发挥学生的主观能动性，提高学生的职业素质，教师可将一些简单的、雷同的内容分配给学生，要求学生以组为单位完成预习、实践，甚至上台给其他组讲解，并能回答其他同学的提问，最后由教师给予全面总结。

（4）采用视听多媒体教学法开阔学生思维，多提问、多讨论，激发学生强烈的学习兴趣。

4.8.7 课程考核

1. 考核内容

本课程考核内容包括理论部分考核、实践部分考核和平时成绩考核三部分，理论部分考核为笔试，实践部分考核为现场操作考核，平时成绩考核为平时作业、考勤和期中考试等。

2. 成绩评定

序号	名　称		考核比例
1	理论部分考核	期末考试（闭卷，统考）	60%
2	实践部分考核	过程考核（操作、数据整理分析等）	20%
3	平时成绩	过程记录（考勤、作业、期中考试、6S 管理等）	20%
4	总评		100%

3. 评分要点与评分标准

序号	教学单元	考核的知识点及要求	考核比例
1	铁路行车安全心理学概述	1. 人的心里实质； 2. 人的意识； 3. 人的个性； 4. 行车安全与心理的关系； 5. 行车事故与心理的关系	5%
2	铁路行车安全心理研究的意义	1. 铁路行车安全的被动局面； 2. 行车安全意识的强化； 3. 保证行车安全的意义； 4. 发生行车事故的一般原因	5%
3	行车事故的心理因素	1. 注意力与行车安全； 2. 记忆力与行车安全； 3. 思维方式与行车安全； 4. 情绪、情感与行车安全； 5. 人格与行车安全； 6. 超速行驶与行车安全	5%
4	行车事故与生理因素	1. 视觉及其机； 2. 听觉、嗅觉与触觉及其机能； 3. 喝酒与行车事故； 4. 疲劳与行车事故； 5. 吸烟对驾驶能力的影响； 6. 人的身心节律与行车安全； 7. 夜间行车事故多的原因； 8. 疾病对行车安全的影响	10%
5	行车安全管理心理	1. 行车安全的动机与行为； 2. 行车安全意识； 3. 行车安全习惯的形成； 4. 行车安全心理测验	5%
6	行车安全管理与管理心理学	1. 行车安全管理学； 2. 行车安全管理中的心理学问题； 3. 行车安全管理心理学的对象； 4. 行车安全管理心理学的任务	5%
7	行车安全管理现代化中的心理学问题	1. 安全管理中几个应该重视的问题； 2. 心理学与行车安全管理现代化； 3. 管理理论的科学化	5%
8	惯性行车事故的原因与预防	1. 车务部门惯性行车事故发生的原因及预防； 2. 机务部门惯性行车事故发生的原因及预防； 3. 车辆部门惯性行车事故发生的原因及预防； 4. 工务部门惯性行车事故发生的原因及预防； 5. 电务部门惯性行车事故发生的原因及预防； 6. 客运部门惯性行车事故发生的原因及预防； 7. 货运部门惯性行车事故发生的原因及预防； 8. 工程部门惯性行车事故发生的原因及预防	10%

续表

序号	教学单元	考核的知识点及要求	考核比例
9	发生“两冒”事故的心理因素及预防	1.“两冒”事故及其危害； 2.“两冒”事故的心理因素； 3. 预防“两冒”事故的方法	5%
10	发生“错办”事故的心理因素及预防	1.“错办”事故及其危害； 2.“错办”事故的心理因素。 3. 预防“错办”事故的措施	5%
11	职工安全积极情绪的心理分析	1. 影响安全积极情绪的因素； 2. 需要是职工积极性的源泉； 3. 职工需要的多样性； 4. 调动职工积极性的基本方法	5%
12	职工安全消极情绪心理学分析	1. 职工安全消极情绪的表现； 2. 安全消极情绪产生的原因； 3. 处理职工安全消极情绪的原则	5%
13	职工心理状态及思想政治教育	1. 思想政治教育面临的挑战； 2. 目前职工的思想状况； 3. 影响职工心态平衡的因素； 4. 思想政治教育的心理效应； 5. 职工积极性的激励措施； 6. 做好后进职工的转化工作	5%
14	职工群体协作心理	1. 职工群体协作； 2. 协作中存在的困难及问题； 3. 保证协作顺利进行的对策	10%
15	领导心理	1. 几种关于领导的理论； 2. 领导功能及领导艺术； 3. 领导者的心理品质； 4. 领导虚假行为的心理分析	5%
16	机车乘务人员的心理素质要求	1. 机车乘务工作的特点； 2. 机车乘务人员应具有的心理品质； 3. 良好心理品质的获得	5%
17	行车人员家属心理	1. 等待盼望的焦虑心理； 2. 怕亲人出事故的恐惧心理； 3. 亲人立功受奖的荣誉心理； 4. 情感磨难的压抑心理； 5. 丧失情人的悲伤心理； 6. 情人伤残的矛盾心理	5%
合　计			100%

4.8.8 其　他

本课程标准在使用过程中，要根据教学情况进行不断的完善与修订。

教师应根据实际情况，制订教学计划，设计更加详细、完善的单元教学方案。

参考文献

[1] 翁增敏. 浅谈国际化人才培养[J]. 北京石油管理干部学院院报. 2015，02.

[2] 毛雅萍. 浅谈国际化战略发展对当代高校人才培养的影响与意义——以上海大学悉尼工商学院学生海外交流情况为例[J]. 教育前沿. 2015，05.

[3] 梁颖萍，谢刚，巩彦斌. 浅谈山西高校国际化人才中科学思辨能力教育改革的必要性[J]. 山西高等学校社会科学学报. 2015，27（4）.

[4] 涂玉芬，王德洪. 我国高速铁路人才培养问题的几点思考[J]. 中国成人教育. 2008，8.

[5] 华梦圆. 我国铁路动车组技术标准国际化发展研究[J]. 北京：北京交通大学. 2014，6.

[6] 王琳，彭其渊，李娜. 中国高铁“走出去”人才培养课程设置的思考[J]. 西南交通大学学报（社会科学版）. 2015年，16（3）.

[7] 刘战鹏. 中国高铁开拓国际市场的战略研究[D]. 哈尔滨：黑龙江大学. 2015，3.